Friedrich Kaiser

Ein Lump

Original-Posse mit Gesang in drei Akten

Friedrich Kaiser

Ein Lump
Original-Posse mit Gesang in drei Akten

ISBN/EAN: 9783744658270

Hergestellt in Europa, USA, Kanada, Australien, Japan

Cover: Foto ©Thomas Meinert / pixelio.de

Weitere Bücher finden Sie auf **www.hansebooks.com**

Wiener

Theater-Repertoir.

91ste Lieferung.

Preis 60 Neukreuzer oder 12 Sgr.

Ein Lump.

Original-Posse mit Gesang in drei Acten.

Von **Friedrich Kaiser.**

Musik vom Kapellmeister **Carl Binder.**

Den Bühnen gegenüber als Manuscript gedruckt.

Wien, 1862.

Verlag der Wallishausser'schen Buchhandlung (Josef Klemm),

Stadt, hoher Markt 541. gegenüber dem Salvatorhof.

Wiener Theater-Repertoir.

Ein Lump.

Original-Posse mit Gesang in drei Acten

von

Friedrich Kaiser.

Musik vom Kapellmeister Carl Binder.

Mit glänzendem Erfolge zuerst aufgeführt am k. k. priv. Carltheater in Wien.

Personen:

Rettenberg, Bürgermeister.
v. Bornheim, fürstl. Güter-Director.
Frau von Abendstern, eine reiche Witwe.
Anna, ihre Tochter.
Baron Liebhelm.
Klöpfl, Bindermeister und Gemeinde-Ausschuß.
Lieschen, seine Tochter.
Therese, ihre Muhme.
Bummler, Stadtwachtmeister.
Ein Diener   } bei Frau von Abendstern.
Ein Stubenmädchen
Ein Marqueur.

Hubert Lebermann.
Carl Lauber, Student.
Conrad Mayer, Geselle bei Klöpfl.
Martin,   } Faßbinder-Gesellen.
Michel,
Preller, ein Wucherer.
Saller, Stadtschreiber.
Zinsberger, Hafnermeister.
Kelser, Friseur.
Erblnger, Gärtner, Gemeinde-Ausschuß.
Manbler, Krämer.
Ein Kellner.

Bewohner der Stadt. Gäste. Brautjungfern. Musiker. Stadtwache. Gesellen. Dienerschaft.

Theater-Repertoir Nr. 91.

Erster Act.

(Hauptplatz einer Provinzstadt. Ringsum Gebäude. In der Mitte eine hohe aus Brettern gezimmerte Hütte, an welcher hoch oben Fenster angebracht sind.)

Erste Scene.

Reißer, Maubler, mehrere andere Bewohner der Stadt (stehen neugierig um die Hütte herum).

Reißer (ist bemüht durch die Furchen der Bretter zu sehen). Nichts zu sehen! Verdammte Geheimthuerei!

Maubl. Was in der Hütten g'schieht, wissen wir Alle; vor zwei Jahren hat der Stadtrath beschlossen, hier auf dem Hauptplatz einen Brunnen in Gestalt eines plastischen Kunstwerkes setzen zu lassen.

Reiß. Ganz recht, und da hat auf einmal der Bürgermeister ein' Brief zug'schickt kriegt —

Maubl. Richtig, von ein'm Bildhauer aus Florenz! Der sich antragen hat, das Monument ohne allen Anspruch auf Honorar herzustellen unter der Bedingung, daß sein Name ungenannt bleiben, und die ganze Aufstellung in streng verschlossenem Raum geschehen müßte.

Zweite Scene.

Vorige, Klöpfl, Erbinger, Steinberg, mehrere andere Gemeinde-Ausschüsse, Stadtschreiber Saller (sämmtlich in Festkleidern kommen vom Hintergrunde her).

Reiß. (sie erblickend). Ah, da kommen ja just Mehrere vom Gemeinde-Ausschuß —

Maubl. Richtig! (Geht ihnen entgegen.) Guten Tag allerseits! Guten Tag, Herr Klöpfl.

Klöpfl (in weinseliger Stimmung und aufgelöst vor Rührung fällt ihm schweigend um den Hals, trocknet sich dann mit dem Sacktuch die Thränen, mit erstickter Stimme). Servus, Maubler! (Geht bewegt auf und ab.)

Reiß. Ja, was hat denn der Herr Klöpfl?

Klöpfl. An mein Herz, Pomade-Seele. (Drückt ihn ebenfalls an sein Herz, läßt ihn los, dann zu einigen Andern.) Ihr auch Alle — Alle! (Umarmt Mehrere.) O warum sind meine Arme zu kurz, um die ganze Welt zu umarmen!

Maubl. (ihn erstaunt ansehend). Was treiben's denn, Herr Klöpfl?

Reiß. Aber Herr von Klöpfl —

Klöpfl (stehen bleibend). Nennt mich heut' nicht Herr von Klöpfl — nennt mich: »Vater Klöpfl.«

Mehrere. Was ist's denn? Was ist denn geschehen?

Erbing. Na, wie waren heut' beim Herrn Bürgermeister versammelt, und der hat uns bekannt gegeben, daß das Brunnenmonument bereits fertig und gänzlich aufgestellt ist.

Reiß. Fertig? Bravo!

Klöpfl. Das ist Nebensach'!

Saller. Der fremde Künstler, der es geschaffen hat, wird persönlich unsere Stadt beehren!

Klöpfl. Aber das ist ja Nebensach!

Saller. Es soll ihm ein frisch grünender Lorbeerkranz von dem schönsten und sittsamsten Mädchen der Stadt überreicht werden!

Klöpfl. Das ist die Hauptsache! Und (in höchster Rührung) Freunde, Mitbürger! Wer glaubt Ihr, wer wurde als das schönste und sittsamste Mädchen würdig befunden?

Alle (in höchster Neugier). Wer?

Klöpfl (sich stolz in die Brust werfend).
Ich! —

Alle (erstaunt). Was?!

Saller. Das heißt nämlich: Herrn
Klöpfl's einzige eheliche Tochter!

Klöpfl. Das ist so viel als ich, denn
ich lebe nur in meiner Tochter!

Erbing. Ich hab' sie an meiner Brust
groß gezogen, aber halten wir uns nicht
länger hier auf, wir wollen Alle in's Haus
des Herrn Klöpfl, nm seiner lieben Tochter
den Beschluß mitzutheilen!

Klöpfl. Ja, aber feierlich muß das ge-
scheh'n, sehr feierlich!

Erbing. Wißt Ihr was, binden wir
ein'n recht schönen Blumenstrauß, und den
wollen wir ihr übergeben.

Klöpfl. Blumenstrauß! Famos! Aber
sehr viel Lilien müssen dabei sein!

Saller. Ja, ist sie doch selbst eine
Lilie!

Klöpfl. Ja, sehr schön gesagt — meine
Tochter Lille! — Ich bin ein Lilien-Vater.
O Gott, mir sprengt's das Herz. (Hängt sich
in Erbinger's Arm und geht mit ihm ab, alle
Andern folgen.)

Dritte Scene.

Hubert Lebermann.

(In einem abgetragenen Rocke, ein kleines
Ränzel auf dem Rücken, mit verwildert zurück-
geworfenem Haare, einen breitkrämpigen von
der Witterung beschädigten Hut auf dem Kopfe,
und einen Knotenstock in der Hand, tritt auf
und sieht sich nach dem Platze um.)

Lied.

Da bin ich jetzt wieder, und das ist die
    Stadt,
Die die besond're Ehr', mich geboren zu
    haben, hat,
Von da bin ich fort, in die Welt vor
    zwanzig Jahren,
Die ganze Zeit haben's von mir nichts
    erfahren.

Und jetzt, wenn's mich anschau'n, brau-
    chen's nit erst lang z'frag'n,
Ein Blick auf mein Anzug wird All's
    ihnen sag'n;
Denn was in ein Buch steht, errath man
    ja schon
Auch ohne zu lesen (auf seinen Anzug
    weisend) aus der Illustration.

Denn wenn vor ein' Buch so als Titel-
    Vignett'
'Ne Figur wie die meine vorangedruckt
    steht,
Da braucht man nit umz'blatteln, man
    merkt es schon,
Daß es keine Novelle ist aus dem Salon!
D'rum werden wohl Manche auch mich
    liegen lassen,
Proletarier-G'schichten, die thut Mancher
    hassen,
Der nobel thut, und dessen Leben doch
    gewiß
Nichts Anderes im Grund als 'ne
    Rauberg'schicht is.

Ja, meine Vaterstadt, da hast du mich
wieder! Was werden die Leute sagen, die
mich noch kennen und erkennen? Hm! Vor
zwanzig Jahren, wie ich von hier aufobrig-
keitlichen Rathschlag abgereist wurde, hat es
allgemein g'heißen: »Der Hubert ist ein
Lump!« Und wenn sie mich jetzt sehen,
werden sie keinen Grund zu einer Mei-
nungsveränderung finden! — Ein Lump!
Kein Wort auf der Welt wird von der Welt
oft so unpassend gebraucht, als das Wort:
Lump! — Wenn Einer mehr ausgibt, als
er einnimmt, heißt man ihn einen Lumpen,
wie soll man aber dann den heißen, der
zwar mit den Ausgaben sehr sparsam ist,
aber dafür immer mehr einnimmt, als er
vor Gott und Rechtswegen einnehmen
sollte? — Wenn Einer durch Leichtsinn
in Schulden kommt, ist er ein Lump; aber
was ist dann Der, der solchen Leichtsinn
benützt, und einem jungen Menschen Geld
zu so hohen Procenten leiht, daß der Leicht-

1*

sinnige mit der Gegenwart oft seine ganze Zukunft dem Teufel verschreibt? — Wenn Einer in zerrissenen Kleidern herumgeht, aus denen der körperliche Ellenbogen neugierig in die Welt hinausguckt, oder seinen Rock mit Flecken von ungleichem Tuch ausflickt; den heißt man einen Lumpen. Was bleibt dann für ein Name übrig für Denjenigen, der ein so fadenscheiniges Gewissen hat, daß die moralische Nacktheit spitzig durch die zerfetzten Ehrgefühls-Aermeln herausbringt, oder der seine durchlöcherte Gesinnung mit Flecken von den verschiedenartigsten Farben so ausflickt, daß er zwar nicht zerrissen, sondern in ganzer Hanswurstverächtlichkeit herumgeht? — Nein, nein, Diejenigen, die lumpig aussehen, verdienen den Namen Lump am allerwenigsten, denn die echte Lumperei ist ein Handwerk, das seinen goldenen Boden hat, — wer würde denn auch sonst so kostbare Güter, wie Ehre, Gewissen, Achtung der Besseren dafür aufopfern, wenn es ihm nicht wenigstens einen ganzen Rock tragen würde. D'rum hat es auch mich damals nie gekränkt, wenn sie mich einen Lumpen g'heißen haben, ich habe mir gedacht, es ist doch besser man wird von andern Leuten so genannt, als wenn so in einsamen Stunden das eigene Bewußtsein zum Gucklasten-Mann wird, der uns durch das Glas der Erkenntniß unsere Thaten erscheinen läßt, und uns als erklärenden Text zuruft: »So handelt ein Lump! (Sich mit Abscheu abwendend.) Brrr! Ein anderes Bild! Man hat mich dazumal sehr wegwerfend behandelt, das war im Grund von den Leuten sehr unpolitisch; sie hätten denken sollen: Lumpen sind ein gesuchter Artikel, und in jeder Papiermühle kann man sich überzeugen, wie leicht Lumpen sich oft zu ganz etwas Anderem gestalten! Wie manches verzärtelte Fräulein mit reizbaren Nerven wendet sich mit Ekel von einem auf der Straße liegenden Haderlumpen ab, und kurze Zeit darauf drückt sie ihn begeistert an ihre Lippen, weil er sich inzwischen zum seinen Velinpapier umgewandelt hat, und ihr jetzt als Billet-doux in die Hand geschmuggelt wird! — So mancher Stutzer hat seine zerrissene Wäsche verächtlich auf den Mist geworfen, und eines Tages tritt ihm derselbe Leinwandsetzen zum fälligen Wechsel metamorphosirt entgegen, und er muß vor ihm zittern und beben! — Und so könnte ich hundert Fälle erzählen, aus welchen die Moral hervorgeht: »Man soll auch einen Lumpen nicht verächtlich behandeln, weil man nicht weiß, was noch aus ihm werden, und wie weit er es noch bringen kann.« Ja, wenn ich jetzt auch so durch die Stampfe und Papiermühle des Schicksals metamorphosirt zurückkomme, wenn sich das Lumpige in mir in lauter Banknoten verwandelt hätte, und ich jetzt hereingefahren käme, als Nabob — aber nein — nein — da wäre ja mein Zweck verfehlt. — Ich will nicht mit Schätzen kommen, sondern meine zurückgelassenen Schätze — meine alten Freunde finden, will sehen, ob sie noch die Nämlichen sind, — das kann ich aber nur dann sehen, wenn ich selbst noch als der Nämliche erscheine! — Vederemo! — Was fange ich zuerst an? Hm! Ich habe einst Tolles getrieben — jetzt will ich aber das Tollste anstellen, ich stelle mich selber an — den hölzernen Verschlag da, und will Revue halten! (Lehnt sich mit dem Rücken an die Hütte und bleibt mit verschränkten Armen stehen.)

Vierte Scene.

Hubert. Zinsberger (von links).

Zinsb. (in einem unmodischen, aber von Wohlhabenheit zeigenden Anzuge, die Uhr an einer schweren Goldkette, glänzende Ringe an den Fingern; kommt des Weges).

Hubert (ihn erblickend, für sich). Ha! da kommt schon einer von meinen ehemaligen Kameraden! — Das Gesicht hat sich ein bischen in die Breite gezogen, aber es ist doch noch auf den ersten Blick zu erkennen! (Tritt vor und hält ihm beide Hände entgegen.) Mathis!

Zinsb. (tritt überrascht zurück). Was will denn der Kerl?

Hubert. Einen alten Spezi an's Herz drücken! Bist Du denn nicht der Mathis — der Zinsberger Mathis? —

Zinsb. Ja, ich bin der Herr v. Zinsberger, aber Er? (Hält die Hand über die Augen und sieht ihn nochmals an.) Hm! — Auf Ehr', ich soll ihn kennen!

Hubert. Du mußt mich kennen, schau mich nur an — habe ich mich denn gar so verändert? — Der Hubert Lebermann!

Zinsb. (in träger Erinnerung). Richtig ja, wär' mir nit eingefallen — ich hab' halt so ein schlechtes Namensgedächtniß.

Hubert. So? Vor zwanzig Jahren hast Du ein schlechtes Zahlengedächtniß gehabt, denn Du hast in den Wirthshäusern gewöhnlich auf's Zahlen vergessen! — Aber macht nichts, jetzt weißt Du, wer ich bin — jetzt komm' an mein Herz!

Zinsb. (wieder zurücktretend). Na, wir werden ba auf der Gassen uit Komödie spielen! Und überhaupt bitt' ich um a bißl ein'n andern Ton, wir sein alle Zwei nicht mehr die ausg'lassenen Burschen, die wir vor zwanzig Jahren waren, ich mein' (mit Aufgeblasenheit auf sich weisend) mir sollt man's doch ansehen, daß sich mit mir Manches geändert hat!

Hubert (verletzt). Mit Dir könnte sich meinetwegen Alles verändert haben, wenn nur Du selber nicht ein Anderer wär'st — aber Du — nein, nein — (sich verbessernd, und den Hut tief herabziehend, mit Ironie) Sie — Herr von Zinsberger —

Zinsb. (ihn verächtlich ansehend). Ist mir schon lieber so, denn so a Bruderschaft, die man in der frühesten Jugend schließt —

Hubert. Ja, ja, Sie haben Recht, Herr von Zinsberger! In der ersten Jugend wird man oft auf Du und Du (ihn von Kopf bis zum Fuß messend) mit dem elendsten Kerl!

Zinsb. So ist's!

Hubert. Man ist halt leichtsinnig!

Zinsb. So ist's! Aber das muß mit den reiferen Jahren aufhören, wenn man's zu was bringen will, aber dafür habt Ihr kein'n Sinn! — Ihr hättet's weit bringen können, an Talent hat's nit gefehlt —

Hubert. Ein sehr zweideutiges Talent — Talent zum Plutzermachen!

Zinsb. Spott's nit, ein ordentlicher Hafnermeister —

Hubert. Ist auf jeden Fall ein Mann, der den Ton angeben kann!

Zinsb. Aber in Euch war kein Ernst hineinzubringen, schon als Lehrbub' seibs, statt an der Drehscheibe Geschirr z'machen, alleweil mit den andern Buben auf dem Stadtwall g'wesen, und habt aus dem Lahm Mandeln gemacht; der Meister hat Euch dabei ertappt.

Hubert. Er hat den Kopf gebeutelt, das heißt den meinigen und hat mich einen Teufelsbuben geheißen, und doch war diese Beschäftigung rein göttlich, denn unser Herrgott hat doch auch aus Lehm nicht Heferln und Reindeln, sondern er hat einen Mann daraus gemacht!

Zinsb. Darauf seid Ihr zu einem Pfeifenschneider in die Lehr kommen, es hat Euch aber dort auch nicht gelitten.

Hubert. Es war gegen mein Gewissen, in meiner Vaterstadt noch mehr Hohlköpfe zu erzeugen!

Zinsb. Und dann, wie Euch die paar hundert Gulden Erbtheil auszahlt worden sein, da hätt's halt was G'scheidteres anfangen sollen, als mit andern jungen Leuten ein' tollen Streich um den andern anzustellen, von einem Wirthshaus in's andere — jeden tractiren, — das war ja a wahres Lumpenleben!

Hubert. Ja, Herr von Zinsberger haben mir auch öfter die Ehr gegeben, mein Gast zu sein!

Zinsb. Na ja, wenn Einer das Geld beim Fenster hinauswirft, wär' Jeder, der unten vorbeigeht, ein Esel, wenn er nicht die Hand aufhaltet! — Aber mir ist doch später der Verstand 'kommen, ich hab' mein

Sacherl zusammengehalten, wie der alte Meister g'storben is, hab' ich seine Wittib g'heirat't.

Hubert. Aber die war ja damals schon Meisterin, wie Sie noch Bub waren —

Zinsb. Na ja, sie ist um zwölf Jahr älter als ich, aber ich hab' durch sie das G'schäft kriegt, bin jetzt, wie's mich seht's, Hausherr, das heißt halt mit Verstand handeln.

Hubert. Nein, ich seh', Sie sind auch ein Mann von Herz, denn ein altes Weib heiraten, um zu Haus und Geschäft zu gelangen, das heißt nicht blos mit Verstand, sondern auch mit dem Herzen handeln!

Zinsb. Aber Ihr (ihn wieder messend) seid noch nicht so weit —

Hubert. Nein! Ich bin noch immer recht dumm, so habe ich zum Beispiel jetzt, wie ich meine Vaterstadt wieder gesehen habe, mir eingebildet, daß meine alten Freunde, mit denen ich oft meinen letzten Kreuzer getheilt habe, mir wenigstens freundlich die Hand reichen werden — nicht wahr, Herr von Zinsberger! da ist doch noch gar keine Spur von Verstand.

Zinsb. (herablassend). Na, was mich betrifft, ich vergeß' einen Menschen nicht, mit dem ich einmal bekannt war, besonders wenn er in Noth ist! (Zieht seinen Geldbeutel heraus.) So Einer geht von mir nie ohne Unterstützung fort! Da — (wirft ihm Geld in den Hut) Aber das ist ein für alle Mal. Adies! —

Hubert (mit verbissener Wuth). Küß' die Hand, Herr von Zinsberger!

Zinsb. Schon gut! schon gut! Adies! (Geht ab.)

Hubert (bleibt ganz verblüfft stehen, ihm nachrufend). B'hüt Ihnen auch Gott, Herr von Zinsberger! (Sieht in seinen Hut und nimmt zwei Silbersechser heraus.) Zwei Silbersechser! Sind das die Früchte, die der Baum der Freundschaft in zwanzig Jahren trägt? — Mich brennen sie in der Hand! Weg damit! Aber nein! nein! Ich behalte sie doch, denn das ist gar ein wunderbares Geld — je mehr man von so einem Geld kriegt, desto ärmer fühlt man sich! Die zwei Sechser lasse ich mir in den Boden von meinem Trinkglas einschmelzen, und mit dem Glas will ich künftig immer anstoßen, wenn mir wieder Einer Bruderschaft anbietet! Doch nur nicht gleich so verstimmt sein! Vielleicht finde ich doch noch Einen von meinen ehemaligen Genossen, dem's Herz noch nicht gar so eingeschrumpft wär! (Blickt vorn in die Scene und schreit laut auf:) Ha! — da! da!

Fünfte Scene.

Hubert. Conrad.

Conr. (ein junger Mensch im schlichten Anzuge eines Handwerksgesellen tritt auf).

Hubert (rasch und mit ausgebreiteten Armen ihm entgegen).

Conr. (tritt überrascht zurück). Was wollen Sie denn? —

Hubert. Jetzt kennt mich der auch nicht mehr!

Conr. (immer mehr erstaunt). Hab' nicht die Ehre —

Hubert. Mein Gott! Bist Du denn nicht der Conrad Märzer —

Conr. Ja, so heiß ich —

Hubert. Na also — so weißt denn nicht — vor zwanzig Jahren —

Conr (lächelnd). Vor zwanzig Jahren? — Da war ich drei Jahre alt.

Hubert (seinen Irrthum einsehend). Mein Gott! Richtig — Sie sind ein junger Mann — aber die Aehnlichkeit mit meinem liebsten Freund, dem damaligen jungen Bindermeister Märzer —

Conr. Das war mein Vater —

Hubert. Ihr Vater? — Ja, ja, er hat damals so einen kleinen Stammhalter gehabt (deutet die Höhe des Kindes an), und der — (sieht Conrad an) es ist merkwürdig, wie das Kind gewachsen ist! — Aber sagen Sie mir, wo ist denn Ihr Vater — führen Sie mich zu ihm!

Conr. (ernst). Das wäre Ihnen wohl zu weit!

Hubert. Macht nichts — ich nehme einen Wagen — ich setze mich auf einen Omnibus —

Conrad. Zu meinem Vater können Sie nur mit einem Wagen fahren — mit dem Todtenwagen.

Hubert (ebenfalls ernst). Also doch mit dem Omnibus. (Sieht finster vor sich hin.)

Conr. Schon vor zehn Jahren ist er gestorben! Sie waren ein Freund von ihm? Wollen Sie mir nicht Ihren Namen sagen?

Hubert. Hubert Lebermann!

Conr. (erfreut). Was — Sie — Sie sind Der? — (Faßt ihn an der Hand und drückt dieselbe herzlich.) Mein Gott! Wie oft hat mein Vater von Ihnen erzählt, wie lieb sie einander gehabt hatten, und wie weh' es ihm that, daß Sie haben fort müssen!

Hubert. Mir that es noch weher! Aber das war eine eigene Geschichte. —

Conr. Ich weiß'ß ja. — Wie mein Vater Sie geschildert hat, so waren Sie ein Mensch vom besten Herzen und voll Geualität, aber — ein wenig — wie soll ich sagen —

Hubert. Ein Lump — sagen Sie's nur g'rad heraus! Es ist einmal so. — Die Genialität hat die sogenannte Lumperei zur nächsten Nachbarin, und da geht sie halt manchmal in die unrechte Thür!

Conr. Aber es ist eine Zeit gekommen, wo Sie den ernsthaften Entschluß gefaßt haben, Ihr leichtsinniges Leben aufzugeben.

Hubert. Ja, ich hab' ernstlich ein ganzer Mann werden wollen, weil ich geglaubt habe, meine zweite Hälfte gefunden zu haben.

Conr. Das war des damaligen Stadtkassirers Tochter —

Hubert. Sie war ein Engel! Aber da führt der Teufel einen reichen Großhändler in die Stadt, sie gefällt ihm, und er fangt an mit ihrem Vater um sie zu schachern. Da bin auch ich hin—habe in Gegenwart dieses lebendigen Geldsackes dem Vater meine ernsten Absichten erklärt, aber mein Nebenbuhler bricht in ein höhnisches Gelächter aus, und sagt mit der ganzen Impertinenz einer aufgeblasenen Krämerseele: »Trollen Sie sich weiter, das Haus meiner Braut steht solchen Lumpen nicht offen!« — Ich weiß nicht, war es das Wort »Braut« oder das Wort »Lump«, das auf einmal meine ganze Empörung so in meine Faust hineingejagt hat, kurz — mit einem Schlag mitten auf die hochgetragene Nase hab' ich den Dickwanst zu Boden gestreckt! — Spectakel im Haus — Dienerschaft — Wache — Alles hat vor meinen Sinnen herumgestunkert, auf einmal war ich auf der Wachstube — nichts vor mir habend, als die Aussicht auf mehrmonatliche Einsperrung. Aber Tags darauf bringt man mich zum Bürgermeister, der sagt mir, er wolle die Sache wegen des Niederschlagens niederschlagen, doch unter der Bedingung, daß ich augenblicklich die Stadt verlasse, und mich verpflichte, vor zehn Jahren nicht wiederzukommen! — »Was? Zehn Jahre?« schrie ich — »meine Geliebte—?!« — Da führt mich der Bürgermeister zum Fenster, und ich sehe sie — im Brantanzuge mit dem dicken Großhändler, der noch die Nase in der Schlinge getragen hat, zur Kirche gehen. Jetzt war mir die Wahl nicht mehr schwer — »Fort — fort!« — hab' ich geschrien, der Bürgermeister hat mir noch einige gute Lehren geben, ich habe sie kaum mehr gehört, er hat mir ein Packet in die Hand geschoben, ich habe es nicht gemerkt, — fortgestürzt bin ich — gelaufen g'rad aus, wie ein toller Hund, bis ich fünf Stunden von hier vor Mattigkeit zusammengestürzt bin!

Conr. (Hubert's Hand fassend). Armer Mann! Ich kann mir vorstellen, wie Ihnen dazumal zu Muth gewesen sein muß, ich begreif's auch, wie's kommt, daß Sie jetzt nach zwanzig Jahren in der Gestalt wieder zurückkommen! — So eine zerrissene Liebe ist oft die Ursache von einem ganzen verfehlten Leben! (Düster vor sich hinsehend.) Ich kann mich lebhafter in Ihre Lage hineindenken, als Sie glauben!

Hubert (ihn fixirend). Was ist das? — Sie sagen das mit einem Ton, als hätten

Sie selber schon was Aehnliches erfahren?
(Faßt seine Hand.) Auch eine unglückliche
Liebe? — Was? — Heraus mit der
Sprache!

Conr. (fährt rasch mit der Hand über die
Augen). Nein, nein, von mein Unglück soll
jetzt nicht die Rede sein — jetzt gilt's vor
Allem Ihnen zu helfen! — Haben Sie
schon ein Quartier? —

Hubert. O ja — ein sehr geräumiges,
lichtes — wie Sie sehen! (Rings um sich
weisend.)

Conr. Was? — Die offene Straße? —
Glauben Sie denn, ich würde einen Freund
meines Vaters da einlogirt lassen?! — Da
ist leicht abgeholfen, ich hab' beim Bindermeister Klöpfl, bei dem ich arbeite, mein
eigenes Kammerl, da schlafen Sie in meinem Bett, und ich leg' mich derweil auf
die Bank, dann suchen Sie sich von meiner
Wäsch und von mein' Kleidern aus, was
Ihnen paßt, ein paar Gulden hab ich auch
zusammengespart, da ist also wenigstens
für die erste Zeit g'sorgt!

Hubert (fällt ihm plötzlich um den Hals).

Conr. Was haben's denn?

Hubert. Ich hab' doch Einen gefunden so, so wie ich Einen gesucht habe!
Sein eigenes Unglück vergessen, so lang
man einen Andern in Noth sieht, — sein
Bett, sein Geld, sein letztes Hemd mit
einem Freunde theilen, daran erkenne ich
den Sohn Ihres Vaters, aber nein, nein,
zu so einem Menschen kann ich nicht Sie
sagen, also — auf Du und Du — für
immer! (Hält ihm die Hand hin.) Schlag ein!

Conr. (einschlagend). Recht gerne!

Hubert. Du lieber Kerl! Und Du —
Du willst unglücklich sein? — Na, unter-
stehe Dich! — Ich bin da! — Du wirst
mir jetzt gleich deinen ganzen Liebesroman
erzählen!

Conr. Wir reden noch später davon,
jetzt gehe ich voraus, und richte meine Kammer her — komm' nur bald nach — dort
übers Eck — in der Hirtengassen, Du siehst
schon den Schild: »Bindermeister Klöpfl«

— also — b'hüt Dich Gott derweil, es
freut mich recht herzlich, daß Du gleich an
mich gerathen bist! (Drückt ihm nochmals die
Hand und geht ab.)

Sechste Scene.

Hubert (allein, ihm nachsehend).

Braver, seelenguter Kerl! — Und der
sollt hoffnungslos verliebt sein? — Das
wollt ich doch sehen! Entweder er ist ein
Traumnichict, oder das Mädchen ist eine
Gans, die seinen innern Goldgehalt nicht
zu würdigen weiß. Menschen, wie der ist,
kommen selten vor, und daran ist offenbar
nur die rasche Vermehrung der Bevölkerung
Schuld, es kommen immer zu viel Leute auf
einmal auf die Welt, darum ist die Dutzend-
waare überall haufenweise auf dem Lebens-
markt anzutreffen, aber um eine edlere Natur, ein sogenanntes Cabinetstück zu finden,
dazu braucht man, wie weiland Diogenes,
beim hellichten Tag eine Laterne.

Couplet.

Solche Leut', die wohl mit vollen Häuden
Zu mildthätigen Stiftungen spenden,
Auch selber dafür sammeln geh'n,
Nur um in der Zeitung zu steh'n,
Um dann, wenn sie selbst etwas aspiriren,
Im Bittgesuch groß anzuführen:
Das und das hab' ich Alles für die Armen
gethan,
Solche Wohlthäter trifft man wohl
dutzendweis an!

Doch Einer, ganz vermummter,
Daß ihn Niemand kennt, kommt er,
Tritt in's Haus, wo die Noth ist,
Schon lange kein Brod ist,
Dort heilt er die Wunden,
Ist, eh's danken, verschwunden,
Ihn in die Zeitung zu setzen,
Thät ihn selber verletzen,
Armen das Kreuz abnehmen,
Ist sein' Lust, aber schämen

Thät' er sich, zu begehr'n:
Bekreuzt dafür z'werben,
Um auf z'finden solch' ein' wohlthätigen
Herrn,
Da braucht man beim hellichten
Tag 'ne Latern!

»Warum Der ein' Wag'n hab'n muß,
Und ich — ich muß gehen zu Fuß,
Ich bin schuldig den Zins schon zwei Jahr,
Und der hat zwei Häuser sogar,
Da liegt gar ka Gerechtigkeit d'rin?
Güter-Theilung, das wär' noch mein Sinn,
Da kommet zum Genießen auch der Arme
einmal d'ran.«
Philosophen der Art trifft man
dutzendweis an.

Doch Einer, der so predigt,
Wird plötzlich entschädigt;
Ein Gut, das sehr groß ist,
Wird g'wonnen, sein Loos ist's.
A Herrschaft und Felder
Und Gärten und Wälder,
Sein thut das All's g'hören.
Doch treu seinen Lehren,
Sagt er: »Nicht allein nehm' ich's,
Weil's gegen mein System is,
Und thut sich beeilen,
Mit Aermeren zu theilen.
Sie möchten g'wiß wissen, wo Sie finden
den Herrn?
Ja, da braucht man beim helllich-
ten Tag a Latern!

»Das Rindvieh ist theuer an Ort,
Und nachher bis Wien der Transport,
Und nachher, was erst so a Vieh,
Noch für Beinerwerk in sich noch hat,
Und dann fünfzehn Kreuzer das Pfund,
Wir Fleischhacker kommen am Hund.«
So reden's und spiel'n die Cavaliere so-
dann,
Solche Fleischhacker trifft man wohl
dutzendweis an!

Doch jetzt, das ist prächtig,
Die Ochsen, großmächtig,
Werden nicht strapezirt,
Auf der Eisenbahn g'führt,
Der Zoll ist auch g'fallen
Für's Rindvieh vor Allen,
Jetzt müss'n wir's erleben,
Daß sie's billiger geben,
Die rindene Abung,
Man wart' nur auf b'Satzung,
Es mengen sich d'rein auch
Die Ausschüß' der G'meind' auch.
Doch sucht man ein' Ochsen, der billig
thät wer'n,
Da braucht man beim hellichten
Tag a Latern!

»Heut' hab' ich a Roll', ich hab's g'wogen,
Ein halb's Pfund schwer, es sind fünf
Bogen,
Und Abgänge d'rin und Momente,
Das paßt so zu meinem Talente,
Da gibt's ein Applaus, Ihr sollt sehen,
Wie ich bei der Roll' werd' loslegen,
Nur bei großen Rollen, da wend' ich was
d'ran!«
Komödianten der Art trifft man
dutzendweis an.

Ein And'rer, der denkt sich:
»Meine Rolle beschränkt sich
Nur auf anderthalb Seiten,
'S ist kein Applaus zu bereiten,
Und steh' ich auch nicht im Glanze,
'S ist doch nöthig für's Ganze;
D'rum will ich studieren,
Sie gut durchzuführen,
Ich thu's um den Dichter
Und auch meine Richter,
Das Publicum z'ehren,
Das hat ein Recht es z'begehren.«
Beim Gaslicht da findet man schwer solch'
ein' Herrn,
Da braucht man beim hellichten
Tag a Latern!

»Ich bin Patriot, ein Gutgesinnter,
Bin ruhig im Sommer und Winter,
Ich hasse das Politisiren,
Ich kümm're mich nicht um's Regieren,
Und machen sie Krieg oder Frieden,
Ich bin Patriot, bin zufrieden,
Wenn ich nur mein Geld recht in Ruh'
g'nießen kann!«
Patrioten der Art trifft man du-
tzendweis an!

Doch einer mit Millionen
Sagt: »Das hab' ich gewonnen
In besseren Zeiten,
Jetzt thut das Land leiden,
D'rum Alles, was mein ist,
Mein Vaterland dein ist,
Ich will denken und studiren,
Was sich ließe durchführen,
Mein Geld komm' zu Guten
Des Land's Instituten,
Wenn auch Stroh nur mein Bett is,
Wenn nur 's Vaterland g'rett' is,
Ja so ein' Patrioten, den sehet ich gern,
Doch da braucht man am helllichten
Tag a Latern!
(Geht ab.)

Siebente Scene.

Zimmer in Klöpst's Hause; in der Hinterwand
eine Thür, welche auf den Arbeitsplatz führt,
und ein breites Fenster, welches die Aussicht
in ein kleines Gärtchen bietet; rechts und links
Seitenthüren.

Lieschen, Frau Resi (kommen aus der
Seitenthür).

Fr. Resi (hält noch ein Spiel Karten in den
Händen).
Liesch. Ah — laß' mich die Frau Mahm
aus mit den Dummheiten.
Fr. Resi. Dummheiten? Kind! Ver-
sündig' Dich nicht! — Die Karten sind und
bleiben Schicksalsblätter, und Dir steht ein-
mal ein vornehmer Herr in's Haus!
Liesch. (in Gedanken vor sich hinsehend).
Ein vornehmer Herr! —

Fr. Resi. Ist denn das was so Un-
mögliches? Jetzt bist siebzehn Jahr alt,
mußt bald an's Heirathen denken — hm, —
sag' einmal, hast noch nicht daran gedacht?
Liesch. (leise seufzend). Das schon!
Fr. Resi. Na also, wenn Dich Einer
zur gnädigen Frau machte, so zu einer
Frau Baronin —
Liesch. (fast erschreckt). Baronin! — Wie
kommt die Frau Muhme auf den Gedanken? —
Fr. Resi (schlau lächelnd). Na, na, ich
weiß, was ich weiß!
Liesch. Nichts. (Setzt sich verdrießlich an
den Tisch, und stützt das Haupt in die Hand.)
Fr. Resi (stellt sich hinter den Stuhl, und
spricht über die Lehne desselben ihr recht ein-
dringlich in's Ohr). Du hast kein Vertrauen
zu mir, das ist nicht schön, es ist eine Schand,
daß fremde Leut' mehr Vertrauen zu mir
haben. —
Liesch. (aufblickend). Fremde Leute? —
Wer, wer hat etwas gesagt? —
Fr. Resi. Er selber —
Liesch. Wer? — Der Bar — —
Fr. Resi. Hihihi! Nur heraus — ja —
der Herr Baron —
Liesch. (steht auf). Muhme! — Um
Gottes willen! Hör' die Muhme auf —
wenn das wer hört — die Leut' könnten
glauben — und ich — (fast weinend). Ich
kann ja nichts dafür!
Fr. Resi. Nein, Du kannst nichts dafür,
denn das ist eine Gottesgabe, daß Du (indem
sie Lieschen am Kinn und an den Wangen
streichelt) so ein wunderlieb's Klub bist.
Hör' mich an — der Herr Baron, der immer da beim Fenster vorübergeht, immer
gar so schön seufzt und hereinschaut, der
hat mir gestern aufpaßt, er hat mir gesagt,
daß Du ihm über Alles auf der Welt ge-
fallst, hat mir geschworen, daß er es ehrlich
mit Dir meint, und mich nur gebeten, ich
soll ihm die Zeit sagen, wo er allein mit
Dir reden könnte — na, da hab' ich
ihm halt gesagt, daß der Vater heut' beim
Bürgermeister eingeladen ist, und daß ich

ihm das Thürl vom Garten hinten, gegen den Bach zu, offen lasse —

Liesch. Und da glaubt die Muhme, daß ich in den Garten (wendet sich bei dieser Rede gegen das Fenster an der Hinterwand und stößt einen lauten Schrei aus). Ha! — da!

Achte Scene.

Vorige. Liebhelm.

(Liebhelm, geckenhaft gekleidet, ist während der letzten Rede von außen um das Fenster geschlichen, und hat die Zweige eines vor demselben stehenden Strauches so auseinandergebogen, daß man anfangs nur seinen Kopf sah, nun aber tritt er bis zur Brust sichtbar an die Fensterbrüstung.)

Fr. Resi. Was schreist denn so? (Sieht sich ebenfalls um.) Ach — der Herr Baron! Unterthänigste Dienerin — (Zu Lieschen). Liest! Da schau her!

Liesch. (steht vor Schreck und Verlegenheit regungslos).

Liebh. (durch das Fenster hineinsprechend). Mein himmlisches, angebetetes Fräulein! Würdigen Sie mich eines Wortes — eines Blickes!

Fr. Resi (leise zu Lieschen). So gehe, thue nicht so verstockt — er muß Dich für a rechts Gansl halten!

Liesch. (sich ermannend). Das soll er nicht! (Wendet sich gegen Liebhelm, mit Festigkeit.) Herr Baron! Ich ersuche Sie, verlassen Sie augenblicklich den Garten!

Liebh. Den Garten verlassen? Mit tausend Freuden! (Schwingt sich rasch auf die Fensterbrüstung.)

Liesch. (noch mehr erschreckt). Um Alles in der Welt!

Fr. Resi (schnell einen Stuhl zum Fenster tragend). Geben's Acht, Herr Baron —

Liesch. Frau Muhme! Was thut Sie?

Liebh. (bereits vollends im Zimmer). Die gute Frau wirde mit zur Pförtnerin des Elisiums. — O meine Himmlische! (Kniet vor Lieschen nieder.)

Liesch. (zitternd vor Schreck und Verlegenheit). Herr Baron! — Stehen Sie auf — wenn Jemand kommt — nebenan in der Werkstatt sind die Gesellen!

Fr. Resi. Sei ohne Sorg! Damit da Keiner hereinkommt, geh' ich selber hinein, und bleib' an der Thür. (Rasch an der Seitenthür ab.)

Liesch. (ängstlich). Muhme! Frau Muhme! (Will ihr folgen.)

Liebh. (hält sie an der Hand zurück). Entschwebe mir nicht, Lichtgestalt!

Liesch. (in Thränen ausbrechend). Um Gotteswillen, Herr Baron! Wenn Ihnen meine Ehre und mein guter Ruf heilig sind, verlassen Sie mich!

Liebh. (aufspringend und sie mit seinem Arme umschlingend). Jeder deiner Wünsche, mein Himmelskind, ist mir Befehl! — Ja, ich will jetzt fort, gib mir nur die Hoffnung, daß ich Dich wiedersehen kann —

Liesch. (ihn drängend) Ja, ja, ein anderes Mal!

Liebh. O Seligkeit! — Wonne!

Liesch. Nur fort, fort!

Liebh. Ja — ich fliehe, doch zum Pfande, daß wir uns wiedersehen — einen Kuß. (Zieht: trotz ihres Sträubens rasch an seine Brust und will sie küssen.)

Liesch. (schreit und stößt ihn von sich).

Neunte Scene.

Vorige. Klöpfl. Erdinger. Mandler. Mehrere Bürger. Conrad.

(Erding. (einen ungeheuren Blumenstrauß in der Hand haltend, erscheint in demselben Augenblick, als Liebheim Lieschen küssen will. mit Klöpfl in der rasch aufgerissenen Mittelthür. Mandler, Conrad und die Uebrigen folgen ihnen Erdinger von der Gruppe überrascht). Was ist das?

Klöpfl (starr vor Entsetzen). Liesi!

Liesch. (in heftigen Schreck). Heiliger Gott!

Liebh. (für sich). Teufel!

Conr. (schmerzlich). Jungfer Liesi! — O mein Gott! (Drückt beide Hände vor die Augen und bleibt verzweifelnd mehr im Hintergrund stehen.)

Erbing. (etwas mehr vortretend). Verzeihen's, wenn wir gestört haben. (Zu Manbler und den Uebrigen.) Ich denk' wir kehren wieder um! (Sie wollen sich stillschweigend entfernen.)

Klöpfl (welcher sich inzwischen etwas gesammelt hat, zu den Bürgern). Halt, wohin! Erbing. (etwas leiser zu Klöpfl). Meister Klöpfl! Unsere Achtung vor Euch bleibt die alte, aber hinsichtlich des ehrsamsten Mädchens der Stadt müssen wir zu einer neuen Wahl schreiten.

Klöpfl (für sich). Das ist mein End'! (Einen Entschluß fassend.) Doch nein — ich ende noch nicht — ich weiß, was ich anfange! (Laut.) Wer von Euch findet darin einen Verstoß gegen die Ehrsamkeit, wann eine Braut von ihrem Bräutigam umarmt wird?

Alle (erstaunt). Was — Braut?

Klöpfl. So ist's!

Die Uebrigen (ungläubig). Die Braut — vom Herrn Baron?

Klöpfl. Ja, gerade wegen ihrer exemplarischen Ehrenhaftigkeit hat der Herr Baron seine Geburt hintangesetzt, und bei mir förmlich um ihre Hand angehalten. Ich hab' »Ja« gesagt. — Er ist mein theurer Schwiegersohn. — (Eilt zu Liebhelm vor, umarmt ihn anscheinend zärtlich, dabei leise zu ihm sprechend.) Sie niederträchtiger Kerl, sagen's laut Schwiegervater zu mir, oder ich drücke Ihnen die Seel' aus'm Leib!

Liebh. (leise vor Schmerz stöhnend). Au, Ihr seid ein Flegel! (Laut.) O mein ehrenwerther Schwiegervater!

Klöpfl (ihn loslassend zu den Uebrigen). Habt Ihr's gehört? — Mitbürger! was sagt Ihr jetzt? —

Conr. Ich sag' nichts, als (eilt zu Lieschen und faßt krampfhaft ihre Hand) Glück, viel Glück — Jungfer — nein Fräulein Braut! (Stürzt in die Seitenthür ab.)

Liesch. (mit fast erstickter Stimme). Conrad!

Erbing. Was wir jetzt gehört haben, gibt freilich der Sache ein ganz anderes Gesicht, und darum — (tritt, den Blumen-

strauß mit beiden Händen haltend, feierlich zu Lieschen vor) Jungfer Elisabeth Klöpfl, wir sind gekommen, um Ihnen bekannt zu machen, daß wir Sie zu der besondern Auszeichnung erwählt haben, bei der übermorgen stattfindenden Feierlichkeit dem fremden Künstler den Lorbeerkranz zu überreichen. So wie wir jetzt Ihnen zum Beweise unserer Achtung den Blumenstrauß übergeben. (Uebergibt ihr den Blumenstrauß.)

Liesch. (ist während dieser Rede noch ganz betäubt an einem Tische gestanden und hat sich mit einer Hand darauf gestützt. sie nimmt fast bewußtlos den Strauß und nickt nur mit dem Kopfe.)

Klöpfl. Ich danke im Namen meiner wirklich sehr überraschten Tochter, wir werden erscheinen — im weißen Kleid, versteht sich, — aber jetzt hab' ich noch Verschiedenes mit meinem Schwiegersohne abzumachen!

Maubl. Da wollen wir nicht stören! Also adieu, Meister Klöpfl! Fräulein Braut, viel Glück!

Die Uebrigen. Wir gratuliren auch!

Klöpfl. Danke! Nicht Ursache. — Behüt' Euch Gott Alle mit einander! (Begleitet sie. sie beinahe fortdrängend, zur Mittelthür hinaus. und tritt dann zwischen Lieschen und Liebhelm, fixirt sie erst beide abwechselnd, bann). Na, was sagt Ihr denn, Kinderln?

Liesch. (welche bisher vor Schreck wie gelähmt dagestanden, erhebt flehend ihre Hände zu ihm). Vater! Um Alles in der Welt!

Klöpfl. Zu was denn das Bitten? — Bin mit Allem einverstanden!

Liebh. (bemüht sich die Sache in's Scherzhafte zu ziehen). In der That, Meister, Ihr habt den besten Ausweg getroffen, um den Leuten die Mäuler zu stopfen!

Klöpfl (sehr ernst). Hier handelt sich's nicht um Mäuler, die zu stopfen, sondern um meine zerrissene Ehre, die zu flicken ist!

Liesch. Vater! Ich bin unschuldig!

Klöpfl. Das könnt eine Jede sagen! — Uebrigens geht mich das weniger an, als hier (auf Liebhelm weisend) Deinen Bräutigam!

Liesch. (erschreckt, überrascht, zurückfahrend). Was? —

Liebh. Wie, Ihr denket im Ernst? —

Klöpfl. Ah, haben Sie glaubt, ich spaß'? O nein! Es ist mein fürchterlichster Ernst! —

Liebh. Aber da wäre denn doch noch Einiges zu besprechen.

Klöpfl. O ja, wir Beide haben mündlich und schriftlich mit einander z'reden — darum (zu Lieschen) geh' Du auf deine Kammer!

Liesch. (bittend). Vater!

Klöpfl. Geh' oder meiner Seel — (zornig. dann sich mäßigend und den Strauß wegwerfend). Nein! — Nicht so! — Du hast mich in noblere Familienverhältnisse gebracht, ich will zeigen, daß ich mich auch darin zu bewegen weiß! (Mit Noblesse, aber strenge, indem er sie bei der Hand faßt.) Mademoiselle! Auf Ihr Appartement! bis ich Sie rufen lasse. (Führt sie zu ihrem Zimmer und schließt die Thür hinter ihr, geht hierauf zur Mittelthür und schließt auch diese.)

Liebh. (ihn beobachtend, befremdet für sich). Zum Teufel! Er schließt die Thüren ab! (Laut.) Was habt Ihr vor? Wollt Ihr mich einschließen? —

Klöpfl. (zu ihm vortretend, mit mühsam verhaltener Wuth). O nein! Fort können Sie auf jeden Fall, sobald es Ihnen beliebt, wenn Sie aber früher fortwollen, als es mir beliebt, so müßt ich Sie ersuchen, durch die Thür hinauszugehen — (Oeffnet die Thür der Werkstätte.)

Liebh. Wie? Durch die Werkstätte? — Mitten durch die Gesellen?

Klöpfl. (wie oben). Ja! — Schauen Sie sich sie an. Das sind lauter feste Gesellen, die mit einem lockern Gesellen wohl bald fertig werden. Es sind Bindergesellen, aber ich darf ihnen nur zurufen: »Leute! die Ehre meines Hauses ist befleckt!« — so lassen sie das Binderhandwerk liegen und werden Fleckausbringer. (Macht die Pantomime des Schlagens.)

Liebh. Aber, lieber Meister —!

Klöpfl. (gebieterisch). Ich rathe Ihnen, sagen Sie zu mir Schwiegervater, dann werden wir uns sehr leicht verständigen, wann aber der Herr Baron mir mit dem »Bindermeister« reden wollt — (grimmig die Hände ballend) dann — — (sich wieder mäßigend) Jetzt suchen Sie sich's halt aus!

Liebh. (ist einen Augenblick überlegend gewesen, nun aber mit dem Ausdruck eines rasch gefaßten Planes. für sich). Nur so kann es gehen! (Laut.) Also ist es wirklich wahr? — Sie geben Ihre Zustimmung? — In meine Arme — an mein Herz! Vater — meiner Braut!

Klöpfl. (sieht ihn anfangs zweifelhaft an). Sie sind also entschlossen? —

Liebh. Wer könnte hier noch überlegen?

Klöpfl. Gut — das wollen wir gleich sehen! — Kommen Sie her! (Geht mit ihm zum Tische und schiebt ihm einen Stuhl zurecht.) Setzen Sie sich.

Liebh. (setzt sich).

Klöpfl. (zieht aus der Lade des Tisches eine Schrift hervor und reicht sie Liebheln). Lesen Sie das!

Liebh. (liest).

Klöpfl. (während er Schreibzeug und Federn zurecht richtet. für sich). Jetzt wird sich's gleich zeigen, ob's sein Ernst ist!

Liebh. (nachdem er gelesen, lachend). Ein rechtskräftig aufgesetztes Eheversprechen, dem nur die Unterschrift fehlt! — Ei, mein Lieber! wie kommen Sie dazu, ein solches Document in Ihrer Tischlade bereit zu halten?

Klöpfl. Weil ich nicht so dumm bin, als ich ausschau! Sehen Sie, ich hab' oft bemerkt, daß so feine und noble Herren wie Sie allweil um mein Haus herumscherwenzeln; da hab' ich mir gedacht, was sie b'raußen auf der Gasse thun, kann ich ihnen nicht wehren, untersteht sich aber Einer in mein Haus herein zu kommen, der soll es nur als Bräutigam oder gehörig durchkarbatscht wieder verlassen — darum habe ich mir diese Schrift aufsetzen lassen. —

Also wollen Sie unterschreiben? — (Hält ihm die Feder hin.)

Liebh. (In der Schrift lesend). Ein Reuegeld von 20,000 fl. für den Fall des Rücktrittes?

Klöpfl (streng). Denken Sie an einen Rücktritt?

Liebh. Gott bewahre!

Klöpfl. So kann Sie auch die Summe nicht geniren. —

Liebh. Sie hält mich auch gar nicht ab, ich unterschreibe. (Nimmt die Feder und unterschreibt rasch.)

Klöpfl (ihm zusehend, für sich). Er unterschreibt richtig! Victoria! Ich bin Baronin-Vater!

Liebh. (steht auf und gibt ihm die Schrift). Nun, seid Ihr jetzt zufrieden? —

Klöpfl (steckt rasch die Schrift in die Seitentasche). Außerordentlich — Sie sind ein Ehrenmann — Baron! Schwiegersohn! — Jetzt in meine Arme! (Umarmt ihn.) Darf ich jetzt ganz aufrichtig reden? —

Liebh. Wie ein Vater zu seinem Sohne.

Klöpfl. Aufrichtig gesagt, ich hab' Sie für einen niederträchtigen Kerl gehalten. —

Liebh. (beleidigt). Was redet Ihr?! —

Klöpfl (begütigend). Aber ich habe mich getäuscht — Ehrenmann! (Eilt zur Mittelthür und schließt sie auf.) Von jetzt an stehen Ihnen alle Thüren in meinem Hause offen!

Liebh. Ich werde oft, recht oft kommen, bis zu dem Augenblick, wo ich meine Geliebte heimführe, als meine Frau —

Klöpfl. In drei Wochen, wie es in der Schrift steht —

Liebh. Wir ziehen dann auf mein Gut!

Klöpfl. Ein Gut — das ist gut!

Liebh. Und Sie, lieber Schwiegervater! geben Ihr Handwerk auf, und ziehen mit uns —

Klöpfl. Ja, ich geb' das Faßbinder-Handwerk auf, und werde mich mit den Fässern nur mehr aus Liebhaberei beschäftigen — ich lebe bei Ihnen, bin ganz freiherrlicher Schwiegervater, und werde nach und nach Ahnherr zukünftiger Barone! — O Gott! — O Gott! (Geht verzückt auf und nieder.)

Liebh. Nun aber muß ich fort —

Klöpfl. Gehen Sie in Gottes Namen —

Liebh. Adieu, lieber Schwiegervater, auf baldiges Wiedersehen — tausend Küsse Ihrer Tochter! (Eilt ab.)

Klöpfl (allein, sich in die Brust werfend). Bin ich ein gescheidter Kerl! Was? — Mir ist's vorgegangen, meine Tochter muß etwas ganz Besonderes werden! — Schon lange habe ich das Netz aufgespannt, und heute — heute ist mir der reiche Baron hinein-gegangen! — Aber wo ist denn meine Tochter? — Wo ist denn die Baronin in spe! (Ruft immer lauter.) Lisi! Lisette! Elise!

Lieschens (Stimme in ihrem Zimmer). Vater! Sie haben mich ja eingesperrt —

Klöpfl. Richtig! — Aber da sie Freiin wird, soll sie frei werden. (Schließt die Nebenthür auf.)

Zehnte Scene.

Klöpfl. Lieschen.

Liesch. (tritt aus ihrem Zimmer heraus, sich umsehend). Gott sei Dank! — Er ist nicht mehr da!

Klöpfl. Thut nichts — er ist Dir sicher — ich hab' ihn im Sack, da schau her! (Zieht die Schrift aus der Tasche und hält sie ihr vor die Augen.)

Liesch. (wirft einen Blick in die Schrift, stößt einen Schrei aus und hält beide Hände vor die Augen.)

Eilfte Scene.

Vorige. Conrad.

Conr. (in einer Blouse, sein Ränzel auf dem Rücken, einen Wanderstock in der Hand, tritt aus der Werkstätte). Meister!

Klöpfl (sieht ihn an). Was ist denn das wieder?

Conr. Ich kann nicht mehr bei Euch bleiben, und bitt' Euch, daß Ihr mich heute gleich entlaßt!

Klöpfl. Aber Conrad! Was fällt Dir denn ein?

Conr. Fragt mich nicht, warum? und redet mir nicht zu — ich kann einmal nicht bleiben!

Klöpfl. Sei vernünftig! — Steh' nicht selber deinem Glück im Wege. — Du weißt, ich hab' Dich gern, und meine es gut mit Dir, ich werde das Geschäft aufgeben — Du kannst's übernehmen, also bleib da, und an dem Tag, an dem meine Tochter den Baron heiratet —

Conr. (hastig). Nein, nein, den Tag will ich hier nicht erwarten, bis dahin muß ich fort — recht weit fort von hier sein! — Behüt' Sie Gott! (Will fort.)

Liesch. (trocknet rasch ihre Augen, und tritt entschlossen zu Conrad). Conrad, Eine Frag' werdet Ihr mir doch noch beantworten —

Conr. (ohne sie anzusehen). Was denn?

Liesch. Sagt mir — könnt auch Ihr glauben, daß ich mit dem Baron ein geheimes Verhältniß gehabt hab'? —

Conr. (fortwährend zum Boden blickend). Ich habe es nie geglaubt — aber — was man mit seinen eigenen Augen sieht —

Liesch. Was habt Ihr gesehen? Die alte Muhme hat den Baron gegen meinem Willen hereingelassen. — Ich hab' ihn abgeschafft — aber er ist so keck gewesen, daß er mich umarmt hat — verdiene ich deswegen, daß Ihr mich verachtet?

Conr. Verachten? (Blickt ihr in die Augen, von ihrem Anblicke überwältigt.) Nein! — Nein! — Wie auch der Schein gegen Ihnen war, ich darf nur in Ihre Augen schauen — und ich sehe — es muß wahr sein, was Sie sagen!

Liesch. (nun ihre volle Entschlossenheit gewinnend). Gut! so will jetzt ich handeln! (Zu Klöpfl mit Festigkeit.) Vater! ich werde den Baron nicht heiraten!

Klöpfl. Das möchte ich sehen! Warum nicht?

Liesch. Weil ich ihn nicht liebe — nicht lieben kann!

Klöpfl. Das schadet nichts bei einer noblen Heirat.

Liesch. Und — weil mein Herz schon einem Andern gehört! —

Klöpfl (erstaunt). Was ist das?

Conr. (ängstlich). Einem Andern?

Liesch. Ja! (Fortwährend Conrad anblickend.) Einem musterhaften, braven Mann von meinem Stand, dem ich's schon lange angesehen hab', daß er mich über Alles liebt, der aber in seiner Bescheidenheit nicht den Muth gehabt hat, es mir gerade heraus zugestehen —

Klöpfl. Und wer ist denn der dumme Kerl?

Liesch. (hält Conrad die Hand entgegen und nickt ihm freundlich zu).

Conr. (im höchsten Entzücken). Ich! — Ich bin's? (Eilt zu Lieschen, stürzt zu ihren Füßen nieder.) Elise! O mein himmlisches Lieschen!

Liesch. (beugt sich liebevoll zu ihm und legt ihre Hand um seinen Hals).

Klöpfl. Na — genirt Euch nicht —

Conr. (springt auf und fällt Klöpfl um den Hals). Meister! Meister!

Klöpfl. Ob Du mich loslassest!

Conr. (eilt mit gesteigerter Freude zu Lieschen und umarmt diese). Lieschen! Mein Lieschen!

Liesch. (die Umarmung innig erwiedernd). Mein guter Conrad!

Klöpfl (erstaunt die Hände zusammenschlagend). Lieschen! (Vorwurfsvoll.) Lisi! (Wüthend.) Lise! (Mehr für sich.) Sie hört und sieht nicht! — Das sittsamste Mädchen der ganzen Stadt, und ich muß sehen, wie sie heute die Liebhaber gleich paarweise umarmt! (Wieder schreiend.) Lieschen! Himmelsapperament! (Springt zwischen Beide und trennt so die Umarmung.)

Conr. Ich bin so glücklich.

Liesch. Ich kann nur mit ihm glücklich werden!

Conr. Sie waren mir immer so gut, Meister —

(Sehr rasch auf einander.)

(Sehr rasch auf einander.)

Liesch. Mir waren Sie der beste Vater!

Conr. Gewiß! Sie legen unserem Glücke nichts in den Weg —

Liesch. Nein! nein, ich kenne meinen guten Vater. —

Beide (drängen sich während dieser Reden schmeichelnd an Klöpfl).

Klöpfl (der sich vergebens ihren Liebkosungen entziehen und zu Worte kommen wollte, während er ungeduldig mit den Händen gesticulirte und mit den Füßen stampfte, endlich losbrechend). Kreuz-Million! — Aufhören! Es darf — es kann nichts daraus werden!

Conr. und Liesch. (erstarrt zurückweichend, gedehnt). Was?

Klöpfl. Lieschen wird Frau Baronin — das ist einmal eine fette Accompli!

Liesch. Vater! Ich sterbe! —

Klöpfl. Meinetwegen, aber als Baronin!

Conr. Meister! Ich thue mir ein Leid an! —

Klöpfl. Ist mir leid, aber ich kann's nicht ändern! Uebrigens — nach dem, was ich jetzt weiß, steht deiner augenblicklichen Entlassung aus meinem Dienst nichts mehr im Wege!

Conr. Was? Jetzt soll ich fort? Gar keine Idee! — Jetzt bleibe ich. — (Wirft sein Ränzel ab.)

Klöpfl. Du wirst gehen.

Conr. Das ist nicht möglich!

Klöpfl. Was? Es ist Dir nicht möglich, zu gehen? — Du, laß es nicht darauf ankommen, daß ich Dir das Fliegen lehre!

Conr. Meister! Sie wollen mich hinauswerfen?

Klöpfl. Zwar mit Bedauern — aber — auf den Bauch, wenn es sein muß!

Zwölfte Scene.

Vorige. Hubert.

Hubert (ist schon während der letzten Reden durch die Mittelthür eingetreten, nun vortretend). Da müßt ich auch dabei sein!

Conr. Ha! Du bist da? (Ihm entgegengehend und die Hand drückend.) Verzeih', ich hätt' jetzt bald auf Dich vergessen!

Hubert. Auf seine Freund' vergessen, das thut der Mensch gewöhnlich nur, wenn er im Glück ist, aber in der jetzigen Situation —

Conr. Ah, — das ist die glücklichste in meinem ganzen Leben!

Hubert. Wenn Du gerade hinausgeworfen werden sollst?

Conr. Vom Vater deßwegen hinausgeworfen werden, weil (auf Lieschen weisend) die Tochter ihm gestanden hat, daß sie mich — mich allein lieben kann —

Hubert. Ah! Dann ist es ein ehrenvolles Hinausgeworfenwerden, ich gratulire Dir, und kann nicht umhin (zu Lieschen gehend und jetzt erst den Hut abziehend) Ihnen mein ganz besonderes Wohlgefallen zu erkennen zu geben!

Klöpfl (ihn erstaunt betrachtend). Was ist denn das für eine Figur?

Hubert. Kennt mich auch nicht mehr! Sonderbar, ich hätte Ihn gleich auf den ersten Blick wieder erkannt. — Der närrische Klöpfl — so haben Sie einmal geheißen, und — es ist merkwürdig — jetzt sind seit der Zeit zwanzig Jahre vergangen, und Sie haben sich gar nichts verändert, aber gar nicht!

Klöpfl. Mit Complimentern richtet man bei mir nichts aus! Wer ist der Herr?

Hubert. Ich bin ein Abgeordneter vom Richterstuhle!

Klöpfl. Was — Richterstuhle? —

Hubert. Ja, und zwar vom höchsten Richterstuhle — von dem der Vernunft!

Klöpfl. Was geht mich der an? Ich stehe nur unter dem hiesigen Magistrat! Und was will denn der Richterstuhl von mir?

Hubert. Er erklärt Sie für unfähig, Ihre Güter zu verwalten.

Klöpfl. Güter? — Unsinn? — Ich war nie ein Gutsbesitzer!

Hubert. Sie haben eine Tochter! Ist das kein Gut? Sie haben einen braven Handwerker, einen ehrlichen Menschen (auf Conrad weisend), der Ihre Tochter glücklich machen will, ist das nicht auch ein Gut? — Und den wollen Sie zur Thüre hinaus- werfen? — Sie Verschwender!

Klöpfl. Was das eine Gut, meine Tochter, betrifft, das hab' ich gut verwaltet, sie wird den Baron Liebhelm heirathen!

Hubert. Liebhelm? Liebhelm? — Zu meiner Zeit war immer ein Studiosus dieses Namens hier auf Ferien.

Klöpfl. Das ist der nämliche!

Hubert. Das ist ja auch ein Freund von mir!

Conr. Was? — Er auch?

Hubert. Versteht sich — er hat hernach das ganze Jahr Ferien gehabt, denn er ist von der Universität relegirt worden!

Klöpfl. Ah was! Jugend hat keine Tugend! Sein Onkel in der Residenz, der Präsident Baron Liebhelm, hat ihn adoptirt.

Hubert. Und sonst ist er nichts, als der Neveu seines Onkels? Da ist er noch blutwenig. Und dem wollen Sie Ihre Toch- ter geben, die ihn nicht mag? Herr! Sie spielen Hazard mit anvertrautem Eigen- thume, mit dem Lebensglück Ihrer Tochter. Ein Glück für Sie, daß der Richterstuhl der Vernunft Sie für unzurechnungsfähig er- klärt, und Sie unter Curatel setzt. Ich bin vor der Hand Ihr Sequester und Ver- mögensverwalter — ich lege die Hand auf Ihre Güter (faßt Lieschen und Conrad an den Händen), und werde so damit gebaren, daß sie statt leichtsinnig verschleudert zu werden, sich nach einiger Zeit vermehren!

Klöpfl. Welchem Narrenthurm ist denn der entsprungen?

Hubert. Das hiesige Städtchen hat keinen Thurm für die Narren, hier gehen sie frei herum!

Klöpfl. Aber in meinem Hause bulde ich keinen! — Machen Sie mit Dem da (auf Conrad weisend) was Sie wollen, aber die da (indem er Lieschen wieder von ihm weg- zieht) geht Sie nichts an!

Hubert. Ihr sagt, ich soll mit Dem da (auf Conrad weisend) machen, was ich will! Gut! Ich will ihn glücklich machen, da ich ihn aber nur durch Die da (auf Lieschen weisend) glücklich machen kann, so ist Die da so gut in das Bereich meiner Wirksam- keit gegeben, wie Der da!

Klöpfl. Glücklich machen! (Ihn messend.) Ja, so schauen die Glücklichmacher aus! Zum letzten Mal, wer ist der Herr? —

Conr. Er ist ein Freund von meinem seligen Vater — der Hubert Lebermann!

Klöpfl. Richtig! D'rum war er mir wohl bekannt, aber ich hab' nicht recht ge- wußt, wo ich ihn hinthun soll —

Hubert. Aber jetzt wissen Sie's —

Klöpfl. Ja, jetzt weiß ich, wo man so einen Taugenichts hinthun soll — in ein Arbeitshaus!

Hubert. Ich bin in Ihrem Hause, und hab' die Aufgabe, Sie zur Vernunft zu bringen, ist das nicht Arbeit genug? Ich mache mich ja selber zum travailleur force!

Klöpfl. Er wird immer gröber! — Wo nehm' ich denn die Geduld her? Das ist ein merkwürdiger Tag! Das ist heute schon der Dritte, dem ich das Hinauswer- fen antragen muß!

Hubert. Ich danke recht sehr für den freundlichen Antrag, aber ich kann es nicht annehmen, daß Sie sich meinetwegen be- mühen! — Sie erlauben — damit ich Ih- nen den Schlaf nicht austrag! (Setzt sich ganz bequem in einen Stuhl.)

Klöpfl (immer wüthender). Er gründet eine förmliche Niederlassung! — Soll ich meine Gesellen rufen? —

Hubert. Wird mich freuen, die wackeren Leute kennen zu lernen!

Klöpfl. Gut! — Er soll sie gleich ken- nen lernen! (Ruft.) He da! Martin, Michel, Josef!

Liesch. Aber Vater, Sie werden doch kein Aufsehen machen —

Klöpfl. Halt Du das Maul! — Wo stecken sie denn? Josef! Michel!

Dreizehnte Scene.

Vorige. Martin, mehrere andere Gesellen (kommen aus der Werkstätte).

Die Gesellen. Was gibt's, Meister?
Klöpfl. Eine dringende Arbeit gibt's! Werft mir den Kerl da hinaus!
Conr. (rasch zu Hubert tretend). Halt, Cameraden! Das ist mein Freund, der mich besucht hat — wer von Euch wird an den Hand anlegen?
Mart. (zu Conrad). Dein Freund? Und den sollen wir hinauswerfen? Ach, das gibt's nit!
Klöpfl (in höchster Wuth). Was, Conrad! Du wiegelst die Gesellen gegen ihren Brodgeber auf?! — Und Ihr (zu den Gesellen) wollt mir die Arbeit verweigern? O dagegen gibt's Mittel! — Auf der Stelle lauf Einer von Euch auf die Wachstube, und hole die Patrouille, damit sie Euch Alle einsperrt! Was? Rührt sich Keiner?
Hubert. Nein, was lächerlich ist, kann nicht rührend sein.
Klöpfl. Gut, so geh' ich selber! (Zu Hubert.) Bleiben Sie nur indessen da — ich komme gleich wieder, und lasse Sie einsperren! (Eilt gegen die Mittelthür und öffnet sie.) Ha! Da kommt g'rad der Stadtwacht-meister mit der Patrouille!

Vierzehnte Scene.

Vorige. Stadtwachtmeister Pummler, drei Stadtwächter.

Pummler (ein alter Invalide in altmodischer Uniform tritt mit drei Stadtwachen, welche ihm ähnlich montirt und mit alten Flinten bewaffnet sind, ein). Was geht denn hier vor?
Hubert. Feuer, Jungfernraub und Mordversuch! Feuer im Herzen der Liebenden — Jungfer Lieschen, die ihrem Geliebten geraubt werden soll, und zwei Lebensglücke, die gemordet werden sollen, — der Meister Klöpfl ist selbst der Attentator!
Klöpfl. Dieser Frechling spaßt noch — (auf Hubert weisend) den arretiren Sie mir!
Pumml. (zu Hubert vortretend). Wer seid Ihr?
Hubert. Was seh' ich — der Stadt-wachtmeister Pummler! — Da treffe ich ja schon wieder einen alten Bekannten!
Pumml. Was? Alten Bekannten? (Zieht eine Brille hervor und setzt sie auf die Nase.)
Hubert. Ja, Sie sind der Nämliche, der mich vor zwanzig Jahren fast jede Nacht zur Stunde der Gespenster aus dem Wirthshaus abg'schafft hat — o selige Erinnerung!
Pumml. (ihn schärfer ansehend). All, Wetter! der Ledermann.
Hubert. Ja, ich bin's, den Du genannt!
Pumml. (ihn fast mit Rührung betrachtend). Der Ledermann, das freut mich herzlich!
Klöpfl. Was ist das! — Er freut sich, daß der Lump da ist?
Pumml. Eben deßhalb — wenn es in einer Stadt keine Lumpen gibt, wozu ist dann eine Stadtwache nothwendig! (Wieder zu Hubert.) Seit Ihr fort waret, habe ich mich ganz überflüssig gefühlt. — Ist nicht eine Prise gefällig? (Wartet ihm mit der Dose auf.)
Klöpfl. Ja, wie wird mir denn? — (Zu Pummler.) Seit wann wartet denn eine Patrouille einem Verbrecher mit Tabak auf? Sie sollen nicht discuriren, sondern arretiren.
Pumml. Ja so! (Zu Hubert.) Was habt Ihr denn angestellt?
Hubert. Gar nichts — ich hab' ihn nur verblümter Weise einen dummen Kerl geheißen!
Pumml. Das ist noch kein Verbrechen!
Klöpfl. Ich habe ihm mein Haus verboten, und er läßt sich nicht hinauswerfen!
Pumml. (zu Hubert). Ja seht, wenn er Euch nicht in seinem Hause dulden will, muß ich Euch abschaffen!

Hubert. Göttlich! Der erste Tag, den ich wieder in meiner Vaterstadt zubringe, und gleich wieder von der Patrouille abge= schafft — aber aus einem Privathaus ab= geschafft werden, ist nichts! (Zu Pummler.) Ihr sollt mich heut' noch aus einem Wirths= haus abschaffen.

Pummul. (erfreut). Wirklich, das wird mir ein rechtes Vergnügen sein! Wo geht Ihr denn hin?

Hubert. Zum silbernen Zopf — guter Wein dort. (Zu Conrad.) Conrad und Ihr, brave Gesellen — Ihr seid heute alle meine Gäste. — Heute soll's lustig hergehen! Eine Menge alte Bekannte habe ich ge= troffen, aber daß ich auch die alte Patrouille wieder finde — das rührt mich fast bis zu Thränen! (Pummler umarmend.) Also führ' mich ab, ich schäme mich nicht — es möge nie die Welt von dem erfahren, der nicht die Welt in seinen Freunden sieht. Indem sie sich zum Abgehen anschicken,

fällt der Vorhang.

Zweiter Act.

Ein öffentlicher Garten auf einer Anhöhe in der Nähe der Stadt, mit zahlreichen Rosen= hecken geschmückt, über den quer über die Bühne laufenden, lebendigen Zaun hat man die Aus= sicht in die etwas tiefergelegene reizende Land= schaft. Seitwärts im Garten das Haus des Restaurateurs, vor demselben auf beiden Seiten der Bühne Tische und Stühle.

Erste Scene.

Hubert und Conrad
(kommen vom Hintergrunde her in den Garten).

Hubert. Also da heraus soll der Lieb= helm kommen?

Cour. Ja, sein Bedienter hat mir gesagt, daß heute da auf dem Rosen= berg eine Reunion abgehalten wird, zu der die ganze vornehme Welt herauskommt, und da fehlt der Baron nie!

Hubert. Die vornehme Welt kommt da zusammen? Da g'hör ich auch dazu?

Cour. Wenn Du mir nur gefolgt und einen andern Rock angezogen hättest — wenn Du in dem Costüm den Baron an= sprichst, ist's natürlich, daß Du ihn in Ver= legenheit setzest.

Hubert. Wünsche Dir nichts Anderes, denn setzt mein erbärmliches Aussehen seine Freundschaft zu mir in Verlegenheit, dann fühle ich mich ganz in meinem Rechte zu deinen Gunsten gegen ihn zu intriguiren. — Na, wir wollen schon sehen, was sich für Dich thun läßt; wir erwarten den Lieb= helm auf jeden Fall hier. Komm', trinken wir indessen eine Flasche Wein, und reden wir von dem Glück, das Dir im besten Falle bevorsteht. —

Cour. Wenn die Liesi mein wird!

Hubert (mit gutmüthiger Ironie). Ja, wir reden davon, wie Du Meister werden wirst, wie viel Hemden für dein Wäsch= kasten, und wie viel Sesseln für dein Prunk= zimmer angeschafft werden, obst Du sie mit Rohr flechten oder mit Roßhaaren tape= zieren lassen wirst, wie gut Dir die Liesi kochen, und wie der erste Bub heißen wird — wie viel Du an Zins brauchen, und wie oft's Ihr einen Braten werdet essen können, kurz, ich will mit Dir schwärmen von der reichen Zukunft, wo Du mit der von den Göttern ausgeliehenen Flamme der Liebe das traulich wärmende Feuer im Kachelofen hausbackenen Glückes anzünden wirst! Na, Jeder ist auf seine Weise glück= lich — komm' — komm'! (Geht mit ihm in die Restauration ab.)

Zweite Scene.

Liebhelm, Klöpfl, dann ein Kellner.

Liebh. (kommt vom Hintergrunde her).

Klöpfl (sehr aufgeregt, den Hut schräge auf die Seite gedrückt, folgt ihm auf dem Fuße).

Liebh. Aber mein Bester — Was fällt Ihnen ein?

Klöpfl. Mir fällt seit gestern gar nichts mehr ein, als daß Sie mein Schwiegersohn sind! Und darum frage ich: Benimmt sich so ein Schwiegersohn?

Liebh. Was habe ich denn gethan, das Sie verletzen könnte?

Klöpfl. Fragen thät ich noch! Da hier beraußen ist heute eine Reunion, wo sich die ganze beau haute versammelt, und Sie finden es nicht der Mühe werth, mich und meine Tochter mit der Equipage abzuholen, herauszuführen und uns hier zu tractiren? — Was sind Sie denn für ein Schwiegersohn? Schurnzerei ohne gleichen.

Liebh. Sie werden doch nicht glauben, daß ich aus Kniderei es unterließ, Sie einzuladen? —

Klöpfl. Also warum sonst? (Steht ihm gegenüber auf und stemmt sich mit beiden Händen auf den Tisch.) Schwiegersohn, ich will nicht hoffen, daß an dem Floh, den mir mein Nachbar, der Greißler, in's Ohr gesetzt hat, etwas d'rau ist! — Ich will nicht hoffen, sag' ich Ihnen, sonst

Liebh. Aber beruhigen Sie sich doch. — Worin besteht die furchtbare Anklage?

Klöpfl (setzt sich wieder). Er hat gesagt, ich soll mir nichts weiß machen lassen, er weiß von Ihnen eine andere Geschichte!

Liebh. Und auf so ein Geträtsche hören Sie? (Verächtlich.) Ein Greißler!

Klöpfl. O, ein Greißler ist in dieser Beziehung oft Autorität — in einem Greißlerladen wird Geschichte gemacht. — Sehen Sie mir in's Auge. (Sieht ihn starr an.) Ich nenne Ihnen einen Namen: Frau von Abendstern!"

Liebh. (ganz ruhig). Nnn, was weiter?

Klöpfl (für sich). Er hält meinen Adlerblick aus! (Laut.) Die reiche Wittib — die eine schöne Tochter hat —

Liebh. Nun, was weiter?

Klöpfl. Sie kommen dort in's Haus!

Liebh. Was weiter? —

Klöpfl. Wenn noch „Was weiter" wäre — ich sage nur, wenn — dann — Sie kennen mich noch nicht, ich bin wahnsinnig eifersüchtig!

Liebh. (lächelnd). Sie? —

Klöpfl. Das heißt für meine Tochter. — Sie darf keine Nebenbuhlerin haben, weder im ledigen noch im verheirateten Stande. Darum ziehe ich zu ihr, ich werde jeden Schritt ihres Gemales bewachen, und, wie ich das Geringste merke, gibt's ein Hauptspectakel im Haus. — So werde ich als redlicher Vater für das häusliche Glück meiner Tochter sorgen!

Liebh. (für sich). O beneidenswerthe Aussicht!

Klöpfl. Also was ist's mit der Frau von Abendstern?

Liebh. Nun ja, ich besuche ihr Haus, wie überhaupt alle vornehmen Häuser der Stadt mir offen stehen!

Klöpfl. Dieses Haus verbiet' ich Ihnen.

Liebh. Weshalb?

Klöpfl. Weil eine hübsche Tochter d'rinnen ist! —

Liebh. Aber lieber —

Klöpfl. Keine Widerrede! Uebrigens werde ich Sie bei der Frau von Abendstern entschuldigen, ich werde ihr das Eheversprechen zeigen —

Liebh. Herr! Sie wollen mich compromittiren!

Klöpfl. Ist mir alles eins! Ich gehe hin, gleich jetzt —

Liebh. (hält ihn fest). So hören Sie doch

Klöpfl. Ich habe gar keine Ohren —

Liebh. Still! — Es kommt Jemand!

Dritte Scene.

Vorige. Carl Lauber.

Carl (ein junger Mann in einem etwas ärmlichen, aber mühsam nett zusammengeputzten Anzuge kommt in der freudigsten Aufregung vom Hintergrunde her, sich umsehend). Hier — ja hier ist der Rosenberg! — Ach mein Gott — mir ist heute ein jeder Berg ein Rosenberg, und jeder Pfad ein Rosenpfad. — Das Glück — das namenlose Glück! (Bemerkt die Umstehenden.) Sieh da! Herr Baron! (Eilt auf ihn zu und umarmt ihn.) Ach Gott, Herr Baron!

Liebh. (sich losmachend). Was thun Sie? Carl. Verzeihen Sie — aber heute muß ich Jeden umarmen, der mir begegnet!

Klöpfl (zu Liebhelm). Wer ist denn der närrische Jüngling?

Liebh. (zu Klöpfl). Ein armer Student, der im Hause der Frau von Abendstern ein Dachstübchen bewohnt. — (Zu Carl.) Doch sprechen Sie, — was setzte Sie so sehr in Aufregung?

Carl. Alles, Alles will ich Ihnen sagen. Sie wissen, ich habe meine Studien absolvirt mit den besten Zeugnissen —

Liebh. Ich weiß, Sie sind in der Residenz in Vormerkung gebracht zu einer Anstellung.

Carl. Frau von Abendstern gab mir ein Stübchen in ihrem Hause gegen dem, daß ich ihrer Tochter Stunden im Clavierspiel gab. — Ach Gott! diese Stunden wurden mir zu den seligsten Secunden — denn Fräulein Anna — dieser Engel! — dieses himmlische Wesen —

Liebh. (etwas verletzt). Sie sprechen von dem Fräulein mit einer Ekstase, als ob —

Klöpfl (zu Liebhelm). Was geht das Sie an, ob er das Fräule wie eine Meerkatze findet oder wie einen Engel? — Das muß Ihnen ein Teufel sein! (Zu Carl.) Reden Sie nur zu, jugendlicher Schwärmer!

Carl. Ich fühlte nur zu bald, welch' süße Gefahr diese Stunden meinem Herzen brachten, denn das Fräulein ließ oft Blicke auf mir ruhen — ach, Blicke, daß ich glaubte, ich müsse zerschmelzen!

Liebh. Ihre Rede grenzt fast an Frechheit!

Klöpfl. Das geht Sie wieder nichts an!

Carl. Hören Sie nur, heute ist der Geburtstag der gnädigen Mama, das sagte mir Anna gestern —

Liebh. Wie? Das Geburtsfest der Frau von Abendstern? — Daß ich das nicht wußte!

Klöpfl. Das geht Sie wieder nichts an! Ob und wann die Frau von Abendstern geboren ist, muß Ihnen tout même sein — wenn Sie meinen Geburtstag wissen wollen, der ist am ersten April!

Carl. Es versteht sich, daß ich heute meine Gratulation machen wollte, aber stellen Sie sich vor, sie sagte mir, daß Sie längst meine Neigung zu ihrer Tochter bemerkt habe, und Fräulein Anna ihr gestanden habe, wie sie mir von Herzen gut wäre!

Liebh. (in sich hineinsprechend). Höll' und Teufel! — (Laut.) Weiter, weiter!

Carl. Sie sagte mir, daß ihr mein solider Lebenswandel stets so gut gefallen habe, weil ich nämlich meine ganze Zeit nur mit Studien zubringe, kein Wirthshaus besuche — und das ist wahr, denn ich trinke nie etwas Anderes, als klares Wasser, hitzige Getränke bekommen mir schlecht, und treiben mir das Blut zum Kopfe —

Liebh. Mein Himmel, wie gehört denn das hieher?

Carl. Das gehört hieher, weil Frau von Abendstern so viel Gewicht darauf legte!

Liebh. Seien Sie nicht so umständlich — zum Ende — zum Ende —

Carl. Ich bin schon am Ende. — Kurz und gut, sie sagte, daß sie gegen unsere Verbindung nichts einzuwenden habe, sondern bereits an den Vormund Anna's, den Güterdirector Baron von Bornheim geschrieben habe, welcher heute hieherkommen will, um hier auf dem Rosenberge das Geburtsfest der Frau von Abendstern mit ihr zu begehen; Frau von Abendstern ersuchte mich vorauszugehen, um das Souper zu bestellen, sie und Anna kommen bald nach.

Liebh. (nachdenkend) Der Vormund! Wenn nur dieser Ihnen nicht am Ende Schwierigkeiten macht — kennen Sie ihn?

Carl. Noch nicht, denn er hält sich nicht auf den fürstlichen Gütern auf, aber seiner Zustimmung bin ich gewiß. Er erklärte bereits in seinem Antwortschreiben, daß er nicht nur keine Einwendung machen, sondern mir sogar eine Anstellung verschaffen wolle, vorausgesetzt, daß er mich so fände, — wie mich meine Schwiegermutter ihm geschildert hat.

Liebh. So? — So? — (Nachdenkend vor sich hinsehend für sich.) Da muß etwas gethan werden!

Klöpfl. Aber ich weiß nicht, warum Sie sich in fremde Heiratsangelegenheiten so hineinmischen. Bekümmern Sie sich lieber um Ihre —

Liebh. (für sich). Den aufgedrungenen Schwiegervater muß ich mir vor Allem vom Halse schaffen! (Laut.) Sie haben Recht! (Nimmt ihn mit sich etwas bei Seite.) Ich denke, es wäre heute die beste Gelegenheit meine Verlobung feierlich zu begehen!

Klöpfl. Hier in der Reunion, mitten unter der beaumonde, auf Ehre, das wäre imposant!

Liebh. Nun gut, so eilen Sie nach Hause, ich lasse Ihre Tochter bitten, sie möge sich in Staat werfen! ·

Klöpfl. Ich werfe sie selber hinein — ich will sie aufputzen, daß es keine Gräfin neben ihr aushält. — Die seligen Kropfperlen von meiner Frau —

Liebh. Ganz gut — und warten Sie dann nur zu Hause, bis ich den Wagen schicke — dann fahren Sie hieher, ich werde indessen hier das Nöthige besorgen —

Klöpfl. Und nur viel Champagner! Wir zipfeln ihn hernach aus. — O, es soll nobel hergehen!

Liebh. Nun — eilen Sie — eilen Sie!

Klöpfl. Ich fliege — per Zeiselwagen in die Stadt — per Equipage retour. — Schicken Sie uns einen Vierspännigen — Wissen Sie, ich nehm' auch ein Paar aus der Verwandtschaft mit, als Beistände — da könnten wir schon vier Roß brauchen. — Die Brautjungfern müssen auch gleich dabei sein — bestellen Sie ein Paar Gansel mit Salat — wir wollen uns vor der Abendsternischen Societät nicht spotten lassen! Adieu! Ich erwarte Ihren Wagen! (Gilt ab.)

Liebh. (für sich, ihm nachsehend). Da kannst Du lange warten. (Zu Carl.) Nun, mein Lieber! Sie scheinen so in Ihrer Freude versunken, daß Sie ganz auf die Ursache Ihres Hierseins vergessen!

Carl. Richtig! Ich soll das Souper bestellen. Nun denn auf Wiedersehen. (Gilt ab in das Haus.)

Liebh. (allein. nun erst seine Wuth loslassend). Hölle, Tod und Teufel! — Er — Er! Ein so unbedeutendes Insect, daß ich ihn nicht einmal eines Verdachtes würdigte, und Anna sein — mit einer halben Million Aussteuer! (Mit dem Fuße stampfend.) Nein — nein! Es soll — es darf nicht geschehen — aber wie es hindern? — Der Vormund — auf den allein kann ich noch hoffen. — Sagte der Junge nicht, der Vormund habe seine Zustimmung nur unter der Voraussetzung gegeben, daß der junge Mensch so ist, wie er ihm brieflich geschildert worden? (Geht nachdenkend auf und nieder — dann plötzlich eine Idee fassend.) Das — das würde den gewünschten Eindruck machen! — Aber wie ihn so weit bringen? Wenn ich nur einen verläßlichen Menschen hätte, so einen recht durchtriebenen Burschen, den ich in meinen Plan einweihen könnte — (Bleibt nachdenkend stehen.)

Vierte Scene.

Liebhelm. Hubert, Conrad, der Kellner (kommen aus dem Hause).

Conr. (Liebhelm erblickend, leise zu Hubert.) Da — da ist er —

Hubert. Der? (Sieht ihn schärfer an.) Ja — er ist's!

Conr. Ich gehe. — Ich verlaß mich auf Dich. — Du wirst nicht Alliance mit dem schließen, der deinem Freunde sein höchstes Gut rauben will. (Ab, gegen den Hintergrund zu.)

Liebh. (welcher bisher nachdenkend mit gesenktem Haupte gestanden, erhebt dasselbe und erblickt Hubert, für sich). Was ist denn das für eine Figur?

Hubert (zieht seinen Hut tief ab und bleibt in scheuer Entfernung stehen).

Liebh. (für sich). Er grüßt — die Züge sind mir bekannt. — Irre ich nicht — (Zwängt ein Glas in ein Auge.)

Hubert (für sich). Er schmückt sich mit dem Narrhalla-Orden, dem unvermeidlichen Augenzwicker!

Liebh. (für sich). Bei Gott! Er ist's — der Hubert — der tollste, unternehmendste Bursche, den ich in meiner Jugend kannte, — den schickt mir ein gütiges Schicksal! — Ich muß ihn für mich gewinnen! (Indem er rasch auf Hubert zugeht, laut.) Sehen meine Augen recht?

Hubert. Ich glaube nicht, denn sonst brauchten Ew. Gnaden keine Glasfenster!

Liebh. Ja, ja, — Du bist's, Hubert! — Mein alter Freund Hubert! In meine Arme!

Hubert (scheu zurückweichend). Es freut mich zwar unendlich, daß Ew. Freiherrlichkeit sich noch an meine Wenigkeit erinnern, aber —

Liebh. Was treibst Du denn für Tollheiten, alter Junge! Kann die Laune des Glücks Freundesherzen entfernen? — Hieher an meine Brust. (Umarmt ihn.) Du bist wieder hier? Wie mich das freut!

Hubert (ergriffen). Und mich freut's unbändig, daß es Dich so freut! — (Umarmt ihn ebenfalls, dann für sich.) Er ist der Alte, intriguiren kann ich gegen den nicht!

Liebh. (ihn besehend). Aber Du scheinst nicht in den besten Verhältnissen zu sein — um so besser, daß ich jetzt in solchen bin, und Dir Dienste leisten kann. — Doch unsere Schicksale wollen wir uns ein anderes Mal erzählen, jetzt will ich mich nur ganz der Freude des Wiedersehens hingeben! (Ruft.) He da, Garçon! Champagner! (Zu Hubert.) Wir wollen unsere alte Freundschaft erneuern! (Hängt sich in Hubert's Arm, und zieht ihn mit sich zu einem Tische, ein recht burschikoses Wesen annehmend und singend.) Gaudeamus igitur!

Hubert (einstimmend). Juvenes dum sumus! (Beide setzen sich an den Tisch.)

Ein Kellner (bringt Champagner und zwei Gläser).

Liebh. Eingeschenkt — rasch eingeschenkt!

Kellner (schenkt die Gläser voll).

Liebh. So! (Zu Hubert.) Nun, nimm' dieß Glas! Stoß an! (Hält ihm sein Glas hin.) Ewige Freundschaft!

Hubert (anstoßend). Sollst leben! (Leert sein Glas.)

Liebh. Ha! Ich kann Dir gar nicht sagen, wie wohl mir ist, daß ich wieder dein liebes, heiteres Gesicht vor mir sehe! Ha ha ha! Weißt Du Dich noch an unser Treiben zu erinnern? (Schenkt ihm ein.) Aber trink' doch!

Hubert (trinkend). Na, ob! Ha ha ha! Weißt Du wie wir einmal während der Nacht alle Schilder von den Gewölbern abgenommen und unter einander vertauscht haben! Ha ha ha! Was für Augen die ehrsame Spießbürgerschaft in der Früh gemacht, und sich ordentlich Keines in seinen Laden hineingetraut hat? Wie der Chirurg statt seiner Barbierschüssel eine goldene Branntweinkanne, der Tabakkrämer statt seines Türken einen Seifensiederlöwen mit Talgkerzen — Ha ha ha!

Liebh. Ha ha ha! Trink' doch! (Schenkt ihm ein.) Es waren selige Zeiten, und mich faßt ein wahres Verlangen, wieder einmal so eine unschuldige Schelmerei auszuführen!

Hubert (aufgeregt). Meiner Seel'! Ich wäre gleich dabei! Stellen wir etwas an, was die Leut verdrießt!

Liebh. Ha ha ha! (Als ob ihm jetzt erst plötzlich etwas einfiele.) — Da fällt mir ein — auf Ehre, das wäre eine Gelegenheit für Dich, einen Spaß zum Todtlachen auszuführen, und dabei noch obendrein ein gutes Werk zu thun!

Hubert. Was soll ich thun? — Rede!

Liebh. (näher zu ihm rückend). Hör' mal an! Ein mir bekanntes Fräulein soll gegen ihren Willen an einen jungen Laffen verheiratet werden —

Hubert. Gegen ihren Willen? — Da bin ich schon bei Allem dabei — wer ist der Kerl?

Liebh. Ein Duckmäuser, ein Schleicher, der nichts ist und nichts hat, und das Mädchen nur deshalb nehmen will, weil er durch die Verwendung ihrer Mutter eine Anstellung erhalten soll —

Hubert. Immer besser! — Das ist schon so ein Gewächs, wie ich es mir vergönne!

Liebh. Heute, hier an diesem Orte soll er dem Vormunde des Mädchens, dem Güterdirector Boruheim behufs seiner Anstellung vorgestellt werden. Er kennt diesen nicht, aber ich kenne den Alten, er ist ein Pedant. — Wie, wenn Du Dich nun, noch ehe dieser kommt, an den Jungen anschlössest, und ihm einen rechten Haarbeutel anzechtest!

Hubert. Hm! Spaßig wär's schon, laß' mich nur nachdenken! — Halt! — ich hab's — ha ha ha! So wird's lustig! — Er kennt den Vormund nicht? — Das macht mir einen wahnsinnigen Spaß! — Ich will's probieren, ob ich Komödie spielen kann!

Liebh. Du kannst Alles — Du bist ein Genie. (Fällt ihm um den Hals.)

Fünfte Scene.
Vorige. Conrad.

Cour. (kommt vom Hintergrunde her, bleibt indem er die Umarmung sieht, erschreckt stehen und schlägt die Hände zusammen).

Liebh. Wenn Dir der Streich gelingt, so rechne auf meinen unbegrenzten Dank, forbere von mir, was Du willst!

Cour. (schmerzlich aufschreiend). O mein Gott!

Liebh. (sich überrascht umsehend). Was ist das? —

Hubert (sich ebenfalls umsehend). Ha — ber! Jetzt hätt' ich bald über den beabsichtigten Spaß die ernste Angelegenheit vergessen! (Zu Conrad.) Komm' nur näher! (Zu Liebhelm.) Du hast gerad gesagt, ich soll von Dir fordern, was ich will — wie? Wenn ich die Braut von Dir fordere?

Liebh. Meine Braut? Welche meinst Du?

Hubert. Na, hast Du vielleicht die Bräute dutzendweise, daß man Dir erst sagen muß, welche?

Liebh. Ha! Du meinst wohl des Faßbinders Töchterlein? Hierüber (zu Conrad) will ich Euch vollkommen beruhigen — aber Du (zu Hubert) versäume keine Zeit —

Hubert. Ja — ich geh' an meine Arbeit! (Will fort.)

Cour. Wo willst Du denn hin?

Hubert. An's Geschäft. Ich bin gebungen als Bandit — ich muß Einem einen Hieb beibringen! (Ab in's Haus.)

Cour. Herr Baron! Sie haben gesagt, Sie werden mich beruhigen —

Liebh. Ja wohl, und ich hoffe dieß zu thun, wenn ich Euch erkläre, daß ich nach dem, was ich jetzt weiß, Lieschen nie heiraten werde.

Cour. (stutzend). Was? — Was wissen Sie denn von ihr?

Liebh. Ich weiß, daß sie einen Geliebten hat!

Cour. (entsetzt). Was? Den bring' ich um —

Liebh. Halt, halt, der Geliebte seid Ihr —

Cour. Ja so! — Dann bring' ich ihn nicht um. —

Liebh. Und nichts scheint mir verächtlicher, als sich zwischen zwei Liebende drängen. —

Cour. Auf Ehre, Herr Baron! Ich fange jetzt an Sie für einen ehrlichen Kerl zu halten.

Liebh. Ihr werdet vollkommen davon überzeugt werden. Aber jetzt geht nur nach Hause, und bringt eurem Lieschen den Trost.

Conr. Ja, das thue ich auch! — Mir ist ein Mühlstein vom Herzen gefallen. — Gott vergelte es Ihnen, wenn Sie einmal etwas Liebes haben, was Ihnen so recht an's Herz gewachsen ist, was Ihnen der Himmel bestimmt hat, und die Menschen nicht geben wollen! Gott behüte Sie! (Drückt ihm die Hand und eilt ab.)

Liebh. (allein). Der ist mir sicher, und Anna soll durch die Scene, welche Hubert vorbereitet, von ihrer absurden Neigung geheilt werden!

Sechste Scene.
Liebhelm. Hubert.

Hubert (tritt in einer, ihn völlig unkenntlich machenden Verkleidung aus dem Hause, er trägt eine weiße Perrücke und eben solchen Schnurrbart, einen breitkrämpigen grünen Hut, Brillen, einen weiten Ueberrock, welcher ihn corpulenten erscheinen läßt, hohe Stiefeln, und ein spanisches Rohr in der Hand; geht gerade auf Liebhelm zu, stößt den Stock gegen den Boden, und sieht ihn, sich darauf mit beiden Händen stützend, anfangs stumm an).

Liebh. (tritt befremdet zurück). Mein Herr! — Was wollen Sie?

Hubert (faßt ihn an beiden Schultern und blickt ihn fortwährend an).

Liebh. Welche Unverschämtheit?

Hubert (stößt ihn leicht von sich weg, mit seiner gewöhnlichen Stimme). Dummer Kerl! Kennt der mich nicht!

Liebh. (ihn erkennend, erstaunt). Ha — Du! — Auf Ehre! Aber sprich! wozu soll diese Maskerade.

Hubert. Ich will dem jungen Menschen als Vormund, als Güterdirector erscheinen, und ich denke, das ist so ungefähr das Aire eines alten Oeconomen, der nicht so viel auf's Auswendige hält, weil seine ganze Existenz im Grund steckt, der nichts im Kopf hat, als Gerste, Weizen und Hafer, dessen zärtlichste Herzensregungen nur der Vermehrung seiner Schafe gewidmet sind und für den ein Düngerhaufen ein köstlicheres Aroma bietet, als das ganze Waarenlager von »Farina, Treu und Nuglish«.

Liebh. Vortrefflich! Doch still — still — mir scheint, dein Opfer naht. (In die offnene Thür des Hauses blickend.) Ja, der — sieh nur, der dort mit dem Oberkellner die Stiege herabkommt — der ist's. — Nun fasse ihn fest. — Ich gehe indessen der Familie entgegen, um sie nöthigenfalls aufzuhalten, damit sie nicht früher hereinkommen. (Geht nach dem Hintergrunde zu ab.)

Hubert (begleitet ihn bis zum Ausgange des Gartens, und bleibt anfänglich im Hintergrunde stehen).

Siebente Scene.
Hubert. Carl Lauber, mehrere Kellner
(mit Tischgedecken kommen aus dem Hause).

Carl (zum Kellner). Ja, so wird's am besten sein. — Sie decken den Tisch hier in der Laube. (Auf eine Laube in dem Garten weisend.) Machen Sie nur schnell, denn Sie können jeden Augenblick kommen. (Geht mit den Kellnern zu dem Tische in der Laube und ist ihnen behilflich, den Tisch zu decken.)

Hubert (kommt vorwärts, ein etwas barsches Wesen annehmend, er geht zu einem Tische und klopft mit dem Stocke darauf).

Kellner (eilt zu ihm). Befehlen?

Hubert. Was für Wein haben Sie?

Kelln. Alle Sorten Oesterreicherwein!

Hubert. Zu schwach!

Kellner. Ungarischen?

Hubert. Hm! Gut! — Starken Wein lieben — in's Blut geben müssen. —

Kellner. Vielleicht Menescher?

Hubert. Gut! — Bringen!

Kellner. Sogleich! (Ab in's Haus.)

Hubert (auf- und niedergehend). Noch nicht da sein! — Warten lassen! Mit dem Putz nicht fertig werden — Weibervolk eitles! —

Carl (ihn beobachtend, für sich). Was ist denn das für ein alter Brummbär? (Beschäftigt sich fort mit dem Tischdecken.)

Hubert (zu Carl, ihn kräftig auf die Schulter schlagend). He da, Kellner!

Carl (sich die Schulter reibend). Entschuldigen Sie, ich bin kein Kellner, ich bin Gast.

Hubert. Gaſt? — Und Tiſchdecken? Dummheit! Für wen Tiſch decken?

Carl. Erlauben Sie —

Hubert (heftiger mit dem Stocke auf den Boden ſtoßend). Für wen Tiſchdecken — Teufel nochmal! Maul aufgemacht!

Carl. Nun — ich brauche gerade kein Geheimniß daraus zu machen — für Frau von Abendſtern.

Kellner (kommt mit einer Bouteille Wein aus dem Hauſe).

Hubert (zum Kellner, indem er auf den von Carl gedeckten Tiſch zeigt). Hieher ſtellen! (Setzt ſich ganz bequem in die Laube und zieht eine Pfeife aus der Taſche.) Feuer!

Kellner (gibt im Feuer auf die Pfeife).

Carl (für ſich). Er macht ſich's ganz bequem! (Zu Hubert, laut.) Erlauben Sie, mein Herr —

Hubert. Maul halten!

Carl. Dieſen Tiſch habe ich beſtellt!

Hubert. Sehr gut.

Carl. Ich ſagte Ihnen bereits, für Frau von Abendſtern!

Hubert (auf die Gedecke weiſend). Vier Gedecke —

Carl. Nun ja, Frau von Abendſtern — Fräulein Anna — meine Wenigkeit —

Hubert. Was — Sie auch an dem Tiſch ſitzen?

Carl. Ich werde ſo frei ſein.

Hubert (ſteht auf und tritt dicht an Carl). Carl Lauber heißen?

Carl. Mein Herr! Sie wiſſen —

Hubert (hält ihm die Hand hin). Hand geben!

Carl (gibt ihm zögernd die Hand).

Hubert (drückt ihm derb die Hand). Mich freuen!

Carl (ſchreit vor Schmerz auf und ſchüttelt die Finger). Au — meine Finger!

Hubert. Was? Händedruck nicht aushalten? — Zuckerpuppe ſein? Und Oeconom werden — meine Mündel heiraten wollen? Nicht aushalten! (Setzt ſich nieder.)

Carl (überraſcht). Wie? Was hör' ich?

— Ihre — Ihre Mündel? Dann ſind Sie — der Herr Güterdirector —

Hubert. Bornheim!

Carl. O, dieſe Ueberraſchung — Herr Güterdirector — beſondere Ehre, daß ich das Glück —

Hubert. Keine Ceremonie — nicht leiden können! — Herſetzen. (Auf den Platz neben ſich weiſend.)

Carl. Wenn Sie erlauben, bin ich ſo frei! (Setzt ſich.)

Hubert (ſchenkt zwei Gläſer mit Wein voll). Trinken!

Carl. Entſchuldigen, ich trinke nie Wein!

Hubert. Nicht Wein trinken? und Mann ſein wollen? — Oeconom werden? — Wie Wein kennen, wenn nicht trinken?! — Nichts daraus werden können!

Carl. Oh — ich bitte — ich wollte nur ſagen, ich war es bisher nicht gewöhnt!

Hubert. Gewöhnen müſſen! (Beſehlend.) Trinken!

Carl (für ſich). Ich muß wohl, ihm zu Liebe. (Setzt das Glas an die Lippen.)

Hubert. Austrinken! — Nagelprobe!

Carl (leert das Glas, ſich ſchüttelnd). Hu! Wie das brennt.

Hubert. Magen wärmen — gut ſein — braußen auf den Feldern im Herbſtnebel! — Verſtanden? (Schenkt nochmals ein.) Trinken!

Carl. Es wird mir wirklich zu viel werden!

Hubert. Pah! Dummheit — Was vertragen lernen! Will mit ihm reden — aber trinken! Kein Geſchäft abſchließen ohne Glas Wein. — Trinken!

Carl (trinkt nochmals, zieht das Sacktuch heraus und trocknet ſich die Stirne). Es treibt mir ſchon den Schweiß durch die Stirne. — (Fächelt ſich mit dem Sacktuche fortwährend Luft zu.)

Hubert. Ha ha ha! Wart! — Noch mehr ſchwitzen — Prüfung machen hier — Oeconomie ſtudiert haben?

Carl. Ich habe die beſten Zeugniſſe!

Hubert. Zeugniß? Plunder! Gute Zeugnisse, und doch nichts wissen — teu= nen das! Hic Rhodus — hic salta!

Carl (für sich). Er stellt hier gleich eine Prüfung an — so ganz unvorbereitet, und mir — mir schwindelt — die zwei Gläser Wein —

Hubert. Also — zum Beispiel: Rapps und Rübsen — wann aussäen?

Carl (nachdenkend). Rapps und Rübsen?

Hubert (ohne ihm Zeit zum Nachdenken zu lassen, auffahrend). Sie besinnen? Nicht wissen? — Von Rapps und Rübsen?

Carl (ängstlich und verwirrt). Ich bitte — verwirren Sie mich nur nicht, ich bin so leicht eingeschüchtert!

Hubert (gutmüthig). Na — na — nicht Angst haben. — Trinken! — Courage ma= chen — da — (hält ihm wieder das Glas hin).

Carl (nimmt in seiner Verlegenheit das Glas und leert es).

Hubert. Nun — Rübsen — Rappsen? Hm?

Carl. Gleich — gleich. — Fällt mir schon ein. (Rasch, wie man mechanisch aus= wendig Gelerntes herzusagen pflegt.) Die Aus= saat des Rapses muß vom 8. bis zum 24. August beschafft werden, Winterräpse hin= gegen kann man noch in den ersten Tagen des Septembers säen. Der Raps, brassica oleracea mapobrassica non capitata, gedeiht vorzüglich auf schwerem, etwas feuchtem und wo möglich mit Schafmist gedüngtem Boden, welcher deßhalb ge= pfercht werden muß!

Hubert (nicht zufrieden mit dem Kopfe). Hm! gut!

Carl (für sich, aufathmend). Gott sei Dank, er ist zufrieden — ach — mir ist die Kehle ganz trocken! (Trinkt.)

Hubert. Rindvieh!

Carl (verblüfft zurückfahrend). Was? —

Hubert. Behandlung des Rindvieh meinen!

Carl (in welchem der Wein bereits zu wirken anfängt). Ja so! — Ha ha ha — ich glaubte —

Hubert. Nicht glauben! — Wissen! — Antwort: Wann werden sie abspennen?

Carl (lustiger werdend). Ha! Das ist eine leichte Frage, nach sieben Wochen, dann bekommen die Kälber statt der Milch gutes Heu, kleingeschnittene Möhrenrüben und Runkeln, auch muß ihnen etwas Hafer zugelegt werden!

Hubert. Damit sie sich zu ordentlichen Ochsen heranbilden! Gut geantwortet!

Carl. Ha ha ha! Ha ha ha! — (Sich wieder Luft zufächelnd.)

Hubert (ihm zufrieden auf die Schultern klopfend). Alles wissen! Verfluchter Kerl sein! Ha ha ha! Aber noch eine Frage: Auf wie viel Gänse kommt ein Gänserich?

Carl. Auf vier — Einer —

Hubert. Sehr gut. — Sie wissen auch die Gänse zu behandeln. — Jetzt bin ich über das Schicksal meiner Mündel ruhig! — Mit mir anstoßen! (Schenkt nochmals ein.) Vivat! Oeconomia!

Carl (stößt an). Vivat! (Setzt das Glas an und fängt an zu wanken an.) Zum Henker! Mir — ist — so — so schwindlich — (hält sich an dem Tisch und bemüht sich gerade zu stehen.) Also — ich — ich darf hoffen? —

Hubert. Alles! Tüchtiger Oeconom sein — angestellt werden — heirathen!

Carl. Ja? — Ja? O Gott! Kein Hin= derniß?! — Heirathen! Anna! (Fast vor Freude weinend.) O Glück! Glück! Glück!

Hubert (für sich). Er ist ganz im Glück — Glück, von dem vielen Glück! — Jetzt noch eine andere Sorte Wein darauf, und er ist fertig. (Ruft.) He, Kellner! Tokayer!

Carl (bereits schwer sprechend). O — bitte — zu viel — wirklich — Güter — Güter= Spector — auf Ehre!

Hubert. An mir einen Freund gefun= den haben —

Carl. Freund! — Sie — mein Freund — ja nur Freundschaft und Liebe —

Hubert. Und Wein! —

Kellner (bringt eine andere Flasche Wein).

Hubert. Braut leben lassen!

Carl. Braut! Meine — meine Anna! Ja — sie — sie muß leben!

Hubert (hat die Gläser gefüllt). Anstoßen!

Carl (nimmt das Glas). Güter — Güter — Inspec — auf Ehre — so gut — leben! Alles soll leben! (Trinkt das Glas aus, vor innerer Hitze blasend.) Puh! Heiß — heiß — (Lüftet sich die Cravatte, welche auf den Boden fällt.) Ah — das thut wohl — Luft! Luft!

Hubert. Nicht geniren! Rock ausziehen! (Zieht ihm den Rock aus.)

Carl (läßt es willenlos geschehen, taumelt zu einem Stuhle, in welchen er betäubt sinkt).

Achte Scene.

Vorige. Liebhelm. Die Gäste.

(Herren und Damen, der besseren Gesellschaft angehörend, kommen während der folgenden Scenen von verschiedenen Seiten, und nehmen, ohne an dem Vorhergehenden im Vordergrunde Theil zu nehmen, an den Tischen mehr im Hintergrunde Platz. Kellner serviren.)

Liebh. (kommt eilig vom Hintergrunde her, zu Hubert). Sie kommen! — Sie kommen!

Hubert (auf Carl weisend). Na — schau ihn Dir an, wie ich ihn hergerichtet habe. — Ist das nicht das schönste Costüm für einen Amtscandidaten? — Ganz rococo mit einem staatlichen Zopf!

Liebh. Bravissimo! Das kann seine Wirkung nicht verfehlen — aber nun sieh zu, daß Du verschwindest.

Hubert. Ja — ich geh' jetzt da hinter die Laube, werfe den Güterdirector in's Gebüsch, dann komm' ich in eigener Gestalt wieder heraus! (Tritt rasch hinter die Laube.)

Liebh. (zu Carl, ihn rüttelnd). Herr Lauber! Herr Lauber!

Carl (matt aufblickend). Was ist's?

Liebh. Sammeln Sie sich — stehen Sie auf — nehmen Sie sich zusammen! —

Carl. Hab' mich zusammengenommen! Prüfung! Güterdirector, mein Freund —

Liebh. Frau von Abendstern kommt mit Ihrer Braut!

Carl (in die Höhe taumelnd). Braut? — Wa — wo ist die Braut? — (Etwas zu sich kommend.) Mein Gott! Mein Kopf — so dick — so schwer. (Will sich gewaltsam ernüchtern, zusammennehmend.) Nur jetzt — nur einen Augenblick — Wasser! — Ein Glas Wasser! —

Liebb. Sie sind schon da! (Geht den Kommenden entgegen.)

Neunte Scene.

Vorige. Frau von Abendstern. Anna. Herr von Bornhelm.

Bornh. (ein sorgfältig nettgekleideter alter Herr, führt Frau von Abendstern am Arme. und kommt mit ihr und Anna vom Hintergrunde her). Es scheint hier recht angenehm zu sein.

Liebh. Meine Gnädige —

Fr. v. Abendst. Nun — haben Sie Herrn Lauber nicht gesehen?

Liebh. Allerdings — aber zu meinem höchsten Staunen — in einer Verfassung — doch sehen Sie selbst —

Carl (die Kommenden erblickend). Ha — gnädige Frau — Fräulein Anna! (Geht sich ängstlich aufrecht haltend, ihnen entgegen.)

Fr. v. Abendstern, Anna, Bornheim (fahren bei seinem Anblicke entsetzt zurück).

Fr. v. Abendst. Herr Lauber —!

Anna. Carl!

Bornh. Wie — dieß — der Herr Lauber?

Carl. Bitte — bitte um die Hand. (Langt nach Anna's Hand, greift aber in seiner Betäubung in der Luft herum.)

Anna (vorwurfsvoll). Carl!

Carl. Anna, an mein Herz. (Breitet die Arme nach ihr aus.)

Fr. v. Abendst. (strenge.) Herr Lauber! In welchem Zustande treffen wir Sie? —

Carl. Zustand? (Besieht sich, und bemerkt, daß er in Hemdärmeln ist, selbst erschreckt.) Mein Gott! — Mein Frack? — Wo ist mein Frack — man hat mir meinen Frack vom Leibe gestohlen! (Sucht immer um sich her, ohne den Frack zu finden.)

Bornh. Ei, gnädige Frau, das ist der solide junge Mann, dieses Muster von Eingezogenheit?

Fr. v. Abendst. So sehe ich ihn heute zum ersten Male —

Bornh. Und ich habe genug gesehen! (Zu Carl.) Ihr Anblick ist ekelhaft — entfernen Sie sich von hier — lassen Sie sich nach Hause führen!

Carl (sieht ihn verblüfft an). Was wollen Sie? — Wer sind Sie?

Bornh. Güterdirector von Bornheim.

Carl. Sie? — Sie sind ein Narr!

Bornh. (zurückfahrend). Was?

Carl. Güterdirector ist mein Freund. Alles abgemacht — Anstellung — Braut — gar kein Hinderniß! — Wo ist er denn? (Sieht sich um.)

Zehnte Scene.

Vorige. Hubert.

Hubert (in seiner eigenen Gestalt, absichtlich noch mehr verstört, tritt hinter der Laube hervor). Da bin ich, Brüderl!

Fr. v. Abendst. (erblickt Hubert, stößt einen lauten Schrei aus und wankt, einer Ohnmacht nahe).

Bornh. und Liebh. Gnädige Frau! (Zugleich zu ihr eilend und sie unterstützend.)

Anna. Mama!

Hubert. Was ist denn geschehen! (Tritt näher zur Frau von Abendstern, sieht ihr in's Gesicht und fährt ebenfalls überrascht zurück, mit erstickter Stimme.) Henriette! — meine Geliebte von ehemals! (Bleibt von dem Eindrucke überwältigt regungslos stehen.)

Fr. v. Abendst. (sich erholend). Nach Hause — nach Hause!

Bornh. Mein Gott! — Woher diese plötzliche Anwandlung! Kommen Sie — der Wagen wartet. (Führt sie fort.)

Anna (will zu Carl, der noch ganz verwirrt dasteht).

Liebh. (rasch zwischen Beide tretend). Fräulein! Befassen Sie sich nicht mit diesem Trunkenbolde! (Winkt einige Kellner herbei.) Jean! Nimm' auf meine Rechnung einen Wagen, und bringe ihn nach Hause. (Bietet Anna

seinen Arm.) Darf ich das Glück haben, Sie zum Wagen zu begleiten? Eilen wir, — die gnädige Mama ist bereits im Wagen! (Führt Anna fort.)

Carl. Meine Braut!

Kellner (indem ihn Zwei unter den Armen fassen). Ihnen ist unwohl, kommen Sie — (Führen ihn ab.)

Hubert (erwacht jetzt erst wieder aus seinen Gedanken). Was ist mit mir vorgegangen? — Alles hat sich mit mir so umgekehrt, daß die Vergangenheit an den Platz der Gegenwart gekommen ist. — Sie ist also wieder hier — als Witwe — also frei! — Da könnte ich ja auch wieder ihr Freier sein, es wäre vielleicht eine brillantere Partie als damals. — Sie wird das Vermögen ihres Mannes geerbt haben, das Vermögen, um das sie ihre Reize verpachtet hat. — Nein — nein, ich verdiene einen Schilling, wenn ich nach so einen Pachtschilling jetzt Verlangen traget!

Elfte Scene.

Vorige. Liebhelm.

Liebh. (kommt wieder zurück, rasch zu Hubert). Du hast ein Meisterstück abgelegt, die Ansichten dieses Monsieur Lauber sind vereitelt für immer! Komm', jetzt wollen wir noch eine Flasche leeren! — Komm'! (Will mit ihm zu einem Tisch.)

Zwölfte Scene.

Vorige. Conrad.

Cour. (kommt athmenlos vom Hintergrunde her). Hubert! — Hubert!

Hubert. Was gibt's — was ist wieder los? —

Conr. (zu Liebhelm). Sie haben gesagt, ich soll nach Hause, soll der Liesi den Trost geben, daß Sie sie nicht heiraten. Ich bin auch in die Stadt hinein — mehr g'flogen, als gegangen — aber, wie ich heimkomm', seh' ich, daß der Meister g'rad Alles zur Verlobung richtet. Alles Weinen Elisens

hat nichts genützt, sie hat sich müssen aufputzen lassen, ihr Vater hat gesagt, Sie
werden ein Wagen schicken. —

Liebh. Der aber nicht kam.

Conr. Was nutzt denn das? Der Meister ist vor Ungeduld fast wüthend worden,
und wie er noch immer keine Equipage hat
kommen sehen, hat er seine Tochter, sich selbst
und die ganze Sippschaft auf einen lang-
mächtigen Zeiselwagen aufgepackt und ist
mit ihnen dahergefahren!

Liebh. (erschreckt). Wie? Hieher?

Conr. Ich bin auf dem nähern Fußsteig
vorausgelaufen — aber sie können jeden
Augenblick da sein!

Liebh. Entsetzlich! — Das gibt einen
neuen Auftritt.

Hubert. Ja — jetzt bleibt nichts Anderes übrig, jetzt muß hier eine Verlobung
gefeiert werden.

Conr. Was? Du? — Du sagst das?

Hubert. Was hast Du denn gar so
dagegen, wann deine Verlobung mit der
Liesl hier gefeiert wird?

Conr. Meine? — Das ist ja nicht
möglich?

Hubert. Mir ist Alles möglich, wenn
ich aufgelegt bin, und heut' bin ich aufgelegt — heute muß noch ein tüchtiger Durcheinander gemacht werden!

Conr. Aber so rede — schnell, es ist keine
Zeit zu verlieren.

Hubert. Ich rede gar nichts — ich bin
der Mann der That!

Conr. (blickt in die Scene). Um's Himmels willen — da — da kommen sie schon!

Hubert (sieht ebenfalls in die Scene).
Richtig! Ein ungeheures Linienschiff se-
gelt daher —

Liebh. Richtig! Nun ist's Zeit, daß
ich verschwinde! (Will fort.)

Hubert (hält ihn zurück). Halt! — Du
(zu Liebhelm) bleibst da! — Der da (zu
Conrad) verschwinde!

Conr. Was? — Ich?

Hubert (gebieterisch). Dort — hinter das
Gebüsch! (Auf die Laube weisend.)

Conr. In Gottes Nam'! Ich thue Alles!
(Eilt hinter die Laube.)

Hubert (zu Liebhelm). Und Du rede so
wenig als möglich, und stimm' mir nur in
Allem bei. — Still, das Linienschiff wird hieher bugsirt!

Dreizehnte Scene.

Vorige.

(Man sieht über den grünen Zaun, welcher den
Garten abgrenzt, einen ungemein langen Zeiselwagen angefahren kommen, worauf außer dem
Kutscher noch Klöpfl, Lieschen, Therese,
einige Beistände, Verwandte und
Brautjungfern, sämmtlich sehr aufgeputzt
und mit großen Blumensträußen geschmückt,
sitzen. Der Wagen hält in der Mitte der Bühne.)

Klöpfl (noch auf dem Wagen sich erhebend):
Wo ist denn der Baron! Hat kein Mensch
einen Baron gesehen? (Hat Liebhelm bemerkt,
und eilt, nachdem er abgestiegen, rasch zu ihm
vor.) Ah — da ist er ja, Baron! — Höllischer
Baron! Was fang' ich mit Ihnen an?
(Auf Hubert weisend.) Wie kommen Sie mit
dem Vagabunden zusammen?

Hubert. Ruhig — hören Sie mich.
Der Herr Baron hat mich als seinen Ju-
gendfreund erkannt, er hat mir eine Anstellung gegeben als sein Geheimsecretär.

Klöpfl. Also — reden Sie, Kanzleiper-
sonale! Warum ist die Equipage ausge-
blieben?

Hubert. Sie war ja schon angespannt,
aber stellen Sie sich nur vor, Herr v. Klöpfl,
da bekommt der Herr Baron einen Brief
von seinem Onkel, dem Präsidenten Baron
Liebhelm, er schreibt, der Präsident will noch
vor der Verlobung mit Ihnen eine beson-
dere Conferenz über den Ehecontract halten,
aber da hier im Freien kann das nicht geschehen, das wäre eine zu freie Conferenz.

Klöpfl. Thut nichts — dahier im Hause
sind Zimmer zu haben.

Hubert. Sehr geistreich bemerkt! Also
richten Sie indeß oben Alles zum Empfang
her. —

Klöpfl. Aber wer besorgt hernach hier herunten Alles zur Festivität? —

Hubert. O, da lassen Sie nur mich machen, aber Sie müssen mir vor dem Dienstpersonal und Ihrer Verwandtschaft eine gehörige Vollmacht ertheilen!

Klöpfl. Das soll geschehen! He da, Kellner! und Ihr, Familienglieder! kommt her da! Hier wird ein Verlobungsfest improvisirt — und da hat Alles nur nach Angabe dieses unsers Bevollmächtigten (auf Hubert weisend) zu geschehen! (Zu Liebhelm.) Sie, Baron, folgen Sie mir zur Conferenz! (Geht, sich in die Brust werfend, gegen das Haus ab.)

Hubert (spricht rasch leise mit Liebhelm).

Klöpfl (bereits an der Thür). Nun, Baron, wird's?

Liebh. Ich stehe zu Diensten. (Ab mit Klöpfl in's Haus.)

Vierzehnte Scene.

Vorige.

Eine Musikbande (kommt und nimmt eine im Hintergrunde befindliche Tribune ein).

Hubert. Jetzt beginnt mein Wirken! (Zu den Gästen, welche im Hintergrunde an den Tischen sitzen.) Meine Herren und Damen! Sie werden es gewiß nicht verschmähen, an einem bürgerlichen Feste Theil zu nehmen, wozu ich Sie im Namen des Meister Klöpfl einlade, — er will die Verlobung seiner Tochter recht feierlich begeh'n!

Mehrere Gäste. Ah, da sind wir gern dabei.

Fünfzehnte Scene.

Vorige. Liebhelm (kommt wieder aus dem Hause).

Hubert (auf ihn zueilend, leise). Nun ist's geschehen?

Liebh. (ebenfalls leise). Ja —

Hubert. Bravo!

Liebh. Doch ich suche jetzt das Weite. (Eilt ab.)

Hubert. Jetzt sind wir sicher — (Laut.) Also, meine Verehrten, Sie haben gehört, daß die ganze Verlobung nur nach meiner Angabe vor sich gehen soll, die Hauptsache bei einer Verlobung ist aber das Brautpaar, die Braut (Lieschen an der Hand fassend), ist hier — und der Bräutigam? — Bräutigam erscheine!

Sechzehnte Scene.

Vorige. Conrad.

Conr. (blickt hinter der Laube hervor). Soll ich? —

Liesch. Conrad! (Breitet ihm die Arme entgegen.)

Conr. Lieschen! (Eilt hervor und stürzt an Lieschens Brust.)

Resi. Was soll denn das?

Hubert (zur Versammlung auf Conrad und Lieschen weisend). Also man rufe: Hoch, das Brautpaar!

Resi. Das ist nicht möglich! (Schreit.) Vetter, Meister Klöpfl! (Will gegen das Haus.)

Hubert (hält sie auf und legt ihr die Hand auf den Mund.) Halt! Kellner! Schafft den alten Hausdrachen bei Seite.

Conr. Halt! Die nehm' ich auf mich. (Faßt sie heftig am Arme.) Hinaus, Partikenmacherin! (Führt sie fort.)

Resi (schreit noch immer). Vetter! Meister!

Hubert. Musik, anfangen!

(Die Musik fängt Fortissimo an, während dem Therese von Conrad fortgeführt wird.)

Conr. (kommt wieder zurück). So — der böse Feind ist ausgetrieben.

Hubert. Jetzt angestellt! Tanzen! Braut und Bräutigam.

Conrad
Lieschen } fangen zu tanzen an.
Einige andere
Paare

Hubert (in die Hände klatschend). Bravo! Das Brautpaar soll leben! Vivat!

Die Gäste (stimmen in den Ruf ein). Vivat hoch!

Siebzehnte Scene.

Vorige. Klöpsl.

Klöpsl (erscheint plötzlich an einem Fenster des ersten Stockwerkes). Was gibt's da für ein Spectakel? (Entsetzt.) Was? Der Conrad? Hubert. Ergebenster Diener, Herr von Klöpsl — Alles nach meiner Angabe. (Fängt Conrad und Lieschen mitten unter dem Tanze ab und führt sie dem Fenster gegenüber vor.) Hier ist das Brautpaar! Segnen Sie es, Sie haben dazu den schönsten Platz, denn der Segen muß von oben kommen.

Klöpsl. Himmelkreuzbonnerwetter! — Und ich bin eingesperrt.

Hubert. Tanzet zu — tanzet zu! (Zu Conrad.) Und Du tanze zum Garten hinaus und wieder auf den Zeiselwagen. — Musik! Lustig! Lebendig!

Alle (lachen und fangen wieder zu tanzen an).

Conr. (tanzt mit Lieschen zum Garten hinaus und besteigt mit ihr außerhalb des Zaunes den Wagen, worauf er stehen bleibt, Lieschen in seinen Armen haltend).

Klöpsl (geberdet sich wüthend am Fenster). Millionentausendelement! (Wirft seinen Hut nach Conrad.) Aufhören! Ich springe hinunter! (Versucht mit einem Fuße aus dem Fenster zu steigen, dabei fortwährend schreiend:) Wache! Wache! Zu Hilfe!

Achtzehnte Scene.

Vorige. Pummler mit der Stadtwache.

Pumml. Was gibt's denn da?

Hubert. Gut, daß Sie kommen. — Meister Klöpsl ist närrisch geworden, er will beim Fenster hinausspringen.

Pumml. Herr Gott! Man muß sich seiner bemächtigen.

Hubert. Ja, ich führe Sie hinauf packen Sie ihn von rückwärts, binden Sie ihn! (Geht von der Wache begleitet zum Hause, öffnet die Thür, läßt sie ein, ruft aber dem Conrad zu:) Fahr' zu — fahr' zu! Der soll

Euch nicht nachkommen! Der Wagen setzt sich, begleitet von einer Menge Gäste, in Bewegung. — Unter dem allgemeinen Tumulte

fällt der Vorhang.

Dritter Act.

Platz im Innern des Städtchens, in der Mitte des Prospectes das Stadtthor, neben demselben eine Wachstube. Seitwärts im Vordergrunde ein Kaffeehaus, vor demselben einige kleine Tischchen.

Erste Scene.

Eine Menge Leute, darunter Reißer, Mandler, Zinsberger (stehen erwartend am Stadtthor). Pummler, eine Stadtwache, dann Hubert.

Pumml. (indem er bemüht ist, die Leute zu beiden Seiten des Thores so zurückzudrängen, daß die Straße frei bleibt). Aber, mein Herr! machen Sie doch Platz — der Wagen kann sonst nicht durch — es kann ein Unglück geschehen —

Reißer (sich aus der Masse vordrängend). Und wenn ich überfahren werde — wenn ich ihn nur zuerst sehe.

Mehrere (indem sie sich zu beiden Seiten gegen das Thor und somit an Pummler drängen). Ja, ich will ihn zuerst sehen —

Alle. Wir auch, wir auch —

Pumml. (der sich des Andranges nicht mehr erwehren kann). Au! Ihr erdrückt mich ja — laßt mich!

Hubert (tritt aus dem Kaffeehause heraus, aus einer langen Pfeife rauchend). Was gibt's denn da für ein Spectakel?

Pumml. Mein Gott! Sie zerdrücken mir meine Stadtwachter. (Geht auf die Masse zu und theilt das Gedränge, mit lauter Stimme rufend:) Aber Leut'! — Leut!

Hubert (Pummler an der Hand fassend, und ihn aus der Menge herausziehend). Was hat denn dieser Narren-Auflauf für einen Grund?

Pumml. Ei, es ist heute der Tag, an welchem der berühmte Bildhauer, der den neuen Brunnen gemacht hat, ankommen soll. Der Herr Bürgermeister hat ihm seinen eigenen Wagen bis zur nächsten Poststation entgegengeschickt, und nun können sie's nicht erwarten, ihn zu sehen!

Zweite Scene.

Vorige. Saller (kommt).

Pumml. He! Da kommt der Stadt-schreiber!

Reißer. Der bringt gewiß Nachricht!

Saller (der sich kaum der Leute erwehren kann). Meine Herren! — Der Herr Bürgermeister hat erfahren, daß Sie in Erwartung des Künstlers hier harren.

Hubert (für sich). Wie die Narren!

Saller. Mittlerweile aber, während der Wagen abgeschickt war, kam ein Brief von ihm — worin er meldet, daß er auf jeden Fall heute noch zur rechten Stunde hier eintreffen werde, es mögen deshalb nur alle Vorbereitungen getroffen werden, der Herr Bürgermeister schickt mich deshalb hieher, um Sie zu ersuchen, ruhig auseinander zu gehen.

Zinsb. Na meinetwegen! Ich geh' ruhig auseinander. (Geht langsam ab.)

Mandl. (im Abgehen). Aber mir scheint, es wird nichts daran sein, wie allmal, wenn gar so viel Spectakel g'macht wird von einer Sache! (Geht ab.)

Die Andern (ihnen folgend). Ja, ja, es wird schon so sein. (Ab.)

Saller (ebenfalls ab).

Hubert. Na, da haben wir's — jetzt ist schon an dem Künstler nichts b'raus! Alles verzeiht die Menge, nur das nicht, wenn es um ein Spectakel gebracht wird! (Sieht in die Scene.) O je! Da kommt der Meister Klöpfl — haben's den schon wieder loslassen? — Aber ich muß ihm heut' vor der Hand aus dem Weg' gehen. (Zieht sich in das Kaffeehaus zurück, bleibt aber während der folgenden Scene unter der Thür desselben stehen, von welcher er sich nur zurückzieht, wenn Liebhelm oder Klöpfl sich zufällig gegen diese Seite wenden.)

Dritte Scene.

Klöpfl kommt mit Liebhelm. Hubert.

Liebh. (sich entrüstet stellend). Nein, was Sie mir da erzählen — es ist empörend!

Klöpfl. Stellen Sie sich vor, Baron! Mich arretiren lassen, als wahnsinnig!

Liebh. Aber daß die Wache —

Klöpfl. Die hat mich ja wirklich für wahnsinnig gehalten. — Lassen Sie sich nur meine weiteren Malheure erzählen. — Ich werde trotz allem Spectakel, so ich gemacht hab', in's Lazareth gebracht — werde zum Primar-Arzt geführt — und der halt mich auch für närrisch —

Liebh. Nicht möglich!

Klöpfl. Was wollen Sie denn? — Es werden zwei Gerichtspersonen geholt — die halten mich auch für närrisch. — Je mehr ich gesprochen hab', um so mehr sind die Leute in ihrer Meinung, daß ich ein Narr bin, bestärkt worden. — Endlich nach stundenlanger Ueberredung ist es mir doch gelungen, sie zu dem Glauben zu bringen, daß ich meine fünf Stück Sinne beisammen hab'. —

Hubert (für sich). Also ist es ihm doch gelungen, die Sachverständigen zu täuschen.

Klöpfl. Darauf hat man mich entlassen. Ich stürze voll Wuth nach Haus — find' keine Tochter — keinen Conrad — keinen Menschen, den ich hätte meiner Wuth opfern können!

Liebh. Hören Sie, das sieht ja förmlich einem Jungfernraub gleich!

Klöpfl. O mein lieber Baron! So arg ist's nicht. — Es ist gewiß nur ein Spitzbubenstreich von dem nichtswürdigen Lumpen Hubert!

Liebh. Aber was nun beginnen? — Mein Oheim, der Präsident, will sowohl Sie, als Ihre Tochter sich heute noch vorstellen lassen — und diese — aber Gott weiß, wo sie jetzt ist.

Klöpfl. Man muß sie aufsuchen — sie muß gefunden werden. — Ich brauche sie ja selbst — sie soll heut' als das sittsamste Mädchen der Stadt figuriren. — Rathen Sie — helfen Sie mir zu meinem Kinde —

Liebh. Rathen? Ja nun, das Einzige, was sich thun ließe, wäre vor Allem, daß man verläßliche Leute nach allen Richtungen ausschickte. —

Klöpfl. Nach allen Weltgegenden! In irgend einem Winkel der Welt muß sie sein, — veranstalten wir also Winkelzüge. —

Liebh. Aber diese verläßlichen Leute müssen auch verschwiegen sein, und das kostet Geld — viel Geld!

Klöpfl. Liegt nichts b'ran, und wenn es Tausende kostet. —

Liebh. Hm! — ja — mit 2000 Gulden hoffe ich es wohl zu richten, aber so viel Baares habe ich in dem Augenblicke nicht.

Klöpfl. Ich — ich hab's. — Ich nehm's derweil vom Heirathsgut. —

Liebh. Wenn Sie mir die Summe anvertrauen wollen. —

Klöpfl. Mit größtem Vergnügen, Baron! — Kommen Sie mit mir nach Hause. — Ich gebe Ihnen, was Sie brauchen — fordern Sie Alles — nur nicht das Eheversprechen zurück. — Glauben Sie mir, wenn meine Tochter auch durchgegangen ist, so ist es doch in aller Unschuld geschehen, — aber lassen Sie uns keine Zeit verlieren, kommen Sie — kommen Sie. — (Gilt Arm in Arm mit ihm ab.)

Hubert (kommt aus dem Kaffeehause heraus). Was hab' ich da gehört? — Der Liebhelm nimmt so viel Geld vom Klöpfl, um seine Tochter suchen zu lassen? und er weiß doch so gut wie ich, daß sie nur eine halbe Stunde von hier bei einer Anverwandten ist! — Die Sache kommt mir spaßig vor — so spaßig, daß ich völlig ernsthaft darüber werde! (Bleibt nachdenkend stehen.)

Vierte Scene.

Hubert. Carl Lauber.

Carl (ganz bleich im Gesichte, in seinem ganzen Wesen verstört, ein Packet Bücher und Schriften unter einem, einen Bündel mit Kleidern und Wäsche unter dem andern Arme tragend. Er geht ganz erschöpft bis zum Kaffeehause, legt seine Bündel ab, läßt sich am Tische nieder, und ruft mit matter Stimme): Marqueur, schwarzen Kaffee!

Hubert (ihn ansehend, für sich). Das ist ja mein Prüfungs-Candidat von gestern, der trotzdem, daß er so eminent bestanden, doch geworfen worden ist! —

Carl (in seinem Schmerz starr vor sich hinblickend). Alles verloren — o mein Gott! Womit hab' ich denn ein so namenloses Unglück verdient! (Trocknet sich die Augen und weint still fort.)

Hubert (für sich). Er weint? Bei einem Menschen, dem nur ein schlauer Plan mißlungen ist, ergießt sich nur die Gall in den Magen, nicht die Thränen in die Augen.

Carl (blickt in die Scene und fährt plötzlich erschreckt in die Höhe). Mein Gott! Seh' ich recht? Anna — sie kommt hieher? — Bleib ich? — Mein Himmel! Ich schäme mich fast vor ihr zu erscheinen — und doch sie sehen — einmal noch mit ihr sprechen — ich kann mir's nicht versagen!

Hubert (für sich). Die Unterredung muß mir Aufschluß geben! (Zieht sich von Carl unbemerkt in das Kaffeehaus zurück, und wird während der folgenden Scenen wieder lauschend an der Thür gesehen.)

Fünfte Scene.

Hubert. Carl. Anna. Ein Stubenmädchen.

Anna (kommt in einem eleganten Morgenanzuge mit ihrem Stubenmädchen rasch des Weges. Carl erblickend, für sich). Gott sei Dank — er ist noch nicht fort! (Zu dem Stubenmädchen.) Betti! Erwarte mich dort an der Kirche, ich habe hier Einiges zu besorgen. — (Das Stubenmädchen ab.)

Anna (rasch zu Carl tretend, im Tone des Bedauerns und sanften Vorwurfes). Carl!

Carl. Ach, gnädiges Fräulein! Würdigen Sie mich denn noch eines Wortes?

Anna. Ich erfuhr von unserm alten Diener, daß Sie heute Morgens Ihre Habseligkeiten zusammengepackt, und traurig unser Haus verlassen haben.

Carl. So ist es! — Ich erwachte heute Morgens mit schwerem, brennendem Kopfe, fing eben an, die Erinnerung an die gestrigen unglückseligen Vorgänge zu sammeln, da sehe ich auf meinem Tische einen Brief von Ihrer Mutter — hier ist er — (zieht einen Brief aus der Tasche und hält ihn Annen hin). Lesen Sie selbst —

Anna (nachdem sie rasch den Brief durchflogen). Meine Mutter weist Sie fort — und auf diesen Brief hin verließen Sie wirklich unser Haus?

Carl. Weil ich selbst fühle, daß ich nicht würdig bin, länger dort zu verweilen!

Anna. Sollte es also doch wahr sein, was gestern noch Baron Liebhelm über Sie sagte?

Carl (erstaunt). Liebhelm? — Was — was sagte er?

Anna. Daß er Sie schon sehr oft in Gesellschaft liederlicher Leute, und in ähnlichem Zustande gesehen habe. —

Carl. Schändlicher Verleumder! Und Ihre Mama — und Sie — konnten das glauben?

Anna. Wenn ich es geglaubt hätte, so wäre ich jetzt nicht hier! Aber um's Himmels willen! welcher Dämon fuhr gestern in Sie? —

Carl. Mein Gott! — Gestern — die Freude — das Glück — die Aufregung, und dann der Güterdirector mit seiner Prüfung, wobei er mir immer starken Wein zu trinken befahl.

Anna. Der Güterdirector? Bornheim? Mein Vormund?

Carl. Ja derselbe. —

Anna. Dieser kam ja erst mit uns!

Carl. Nein, nein, er war schon früher da — —

Anna. Schon früher? — Carl! Sie sind das Opfer einer schändlichen List, und diese — sie geht von Baron Liebhelm aus!

Carl. Wie? — Von Liebhelm? — Aus welchem Grunde sollte dieser?

Anna. So wissen Sie denn, daß eben er — noch gestern Abends förmlich um meine Hand anhielt.

Carl. Was sagen Sie? —

Anna. Daß mein Vormund ihm bereits seine Zustimmung gegeben. —

Carl. Und Ihre Mama? —

Anna. Ueberließ dem Vormund alle Rechte zu entscheiden.

Carl. O mein Gott! so ist Alles — Alles verloren! Ich bin unglücklich, und habe auch Sie, himmlische Anna, ebenfalls unglücklich gemacht — ich ertrage es nicht — leben Sie wohl. (Will fort.)

Anna. Carl! Um Gottes willen! Was wollen Sie anfangen?

Carl. Anfangen? Nichts! Enden will ich, enden! (Stürzt gegen das Thor.)

Sechste Scene.

Vorige. Hubert.

Hubert (ist bereits aus dem Kaffeehause herausgetreten und hat durch heftige Geberden seinen Zorn über seinen eigenen Irrthum ausgedrückt, nun tritt er plötzlich zwischen Carl und Anna). Halt! Da wird geblieben!

Carl (sieht ihn erstaunt an). Herr! Wer sind Sie?

Anna (näher tretend). Mein Gott! Das ist ja derselbe Mensch, dessen Anblick meine Mutter gestern so sehr erschreckte! Wer sind Sie?

Hubert. Ich bin eine Art Rübezahl, schreckend, neckend, beglückend, Alles je nachdem! Euch aber will ich glücklich machen! Reicht mir eure Hand!

Carl (zögernd). Ich begreife nicht — Ich kenne Sie gar nicht. —

3*

Hubert (die Stimme annehmend, welche er im vorigen Acte als Güterdirector angenommen hatte). Nicht kennen? — Mich? — Meine Mündel heirathen wollen? — Was?

Carl. Ha! — Die Stimme — der ist's! (Stürzt auf ihn zu und faßt ihn an der Brust.) Laß Dich erwürgen, Elender!

Hubert (zu Anna). Sehen Sie, er erkennt mich!

Anna (zu Carl). Carl! Was thun Sie?

Carl. Er ist's, der mich gestern absichtlich berauschte, und nun spricht er von Glücklichmachen?!

Hubert. Na, ist denn das ein so großer Widerspruch? — Hat das Fräulein hier (auf Anna weisend) Sie nicht auch berauscht, und doch will sie Sie glücklich machen.

Carl (ihn auf's Neue wieder an der Brust fassend). Scherze nicht, Niederträchtiger! Betrüger! Gedungener Bandit — Gauner — Schuft!

Hubert. Ich bitte gehört das Alles für mich, oder muß ich noch etwas darauf herausgeben? — Aber nur zu — Sie können mich heute heißen, was Sie wollen — ich verzeihe Ihnen, denn mich tröstet eine innere Stimme, die mich nur einen Esel heißt, denn gestern bin ich vielleicht zum ersten Male in meinem Leben so auf's Eis g'führt worden durch den saubern Herrn von Liebhelm!

Carl. Sie gestehen es also selbst, daß Sie mit in dem Gewebe sind!

Hubert. Ja, aber eben weil ich mitten in dem Gewebe bin, so wird's mir gerade am ersten möglich, es zu zerreißen, aber Sie (zu Carl) schauen noch immer so mißtrauisch d'rein, — Ihnen kann ich's auch nicht verdenken, aber Sie, Fräulein Anna, schauen Sie mir in's Gesicht, und sagen Sie, schaut so ein Schurke aus?

Anna (nachdem sie ihn genauer betrachtet). Nein, aus Ihren Zügen spricht Ehrlichkeit!

Hubert (zu Carl). Da hören Sie es! Gehen Sie hin und nehmen Sie bei dem Fräulein Unterricht im Lavater!

Carl. Anna! Sie vertrauen ihm, so will auch ich's! Was kann — was soll jetzt geschehen?

Hubert. Von Ihrer Seite gar nichts. Sie (zu Carl) haben nichts zu thun, als hier zu bleiben, und Sie (zu Anna) bitten sich in der Liebhelm'schen Heirathsantragsangelegenheit nur noch den heutigen Tag als Bedenkzeit aus.

Anna. Nur den heutigen Tag? —

Hubert. Ja — denn ehe die Sonne wird untergehen, soll euere Sonne neu ersteh'n! Sie sehen, ich spreche nichts Ungereimtes!

Anna (blickt in die Scene). Mein Gott! Dort um die Ecke kommt Liebhelm gerade hieher — er darf mich nicht sehen — leben Sie wohl, Carl! Sie bleiben also hier! (Zu Hubert.) Und Sie — täuschen Sie unser Vertrauen nicht, und rechnen Sie auf meinen unbegrenzten Dank! (Eilt ab.)

Hubert (ebenfalls in die Scene sehend). Er kommt richtig daher! (Zu Carl) Verschwinden Sie!

Carl. Aber wohin? —

Hubert (indem er Carl sein Gepäck aufnöthigt). Nehmen Sie sich ein Wirthshauszimmer — will ich sagen ein Zimmer in einem Wirthshause — beim »goldenen Anker« — damit ich Sie zu treffen weiß, aber jetzt fort! fort!

Carl. Gut, ich will Ihnen folgen in Allem! Zu verlieren hab' ich so nichts mehr! (Ab.)

Siebente Scene.

Hubert, dann Liebhelm, ein Marqueur.

Hubert (allein). Er kommt! — Den muß ich mir auf eine ganz eigene Weise einfädeln! Soll ich ihm als ehrlicher Kerl kräftig entgegentreten? Nein, nein, — Diamanten kann man nur mit Diamanten bearbeiten, und einen Schurken nur, indem man selbst als Schurke vor ihm erscheint! Also jetzt! (indem er sich den Hut kräftig schief in die Stirne drückt). Ganz Abellino! (Setzt sich an den Tisch vor dem Kaffeehause und ruft:) He, Marqueur! Ein Glas Schnaps!

Liebh. (kommt und will. ohne Hubert zu bemerken, über die Bühne gehen).

Hubert (ihm zurufend). He! Liebhelm!

Liebhelm. Ha! Du bist da? — erwünscht!

Hubert. Ich kann Dir nicht mehr erwünscht sein, als Du mir — denn wenn man schon zwei Stunden lang in einem fremden Kaffeehaus frühstückt, ohne einen Kreuzer Geld im Sack zu haben, da kannst Du Dir leicht denken, wie man sich da nach einem Freund sehnt, der einen erlöst.

Liebh. Wie, Du hast nicht einmal so viel, um ein Frühstück zu bezahlen? Armer Kerl! — Ich habe mich gestern in der Freude des Wiedersehens gar nicht genau um deine Verhältnisse erkundigt. — Du scheinst also ganz —

Hubert. Ganz sur le chien! oder auf deutsch gesagt: bettelstutti! — Ich sag' Dir's, ich bin auch schon so rablat, daß ich die Theorien des Communismus auf offener Straße ausüben könnte, wenn mir Einer ein qut's Trinkgeld gäbe —

Liebh. Halt! halt! So weit soll's nicht kommen, ich will Dir ja helfen!

Hubert. Das ist ein wahres Glück für die reisende Menschheit!

Liebh. Aber einem Menschen von Genie hilft man am besten, wenn man ihm Gelegenheit gibt, sein Genie zu verwerthen, damit habe ich gestern einen Versuch gemacht, Du hast mir durch die meisterliche Durchführung deiner Rolle einen großen Dienst erwiesen, und hier (indem er aus seiner Brieftasche eine Banknote herauszieht) hast Du dein Honorar!

Hubert (die Banknote betrachtend). Was? Ein Hunderter — ein Hunderter! Liebhelm! Für das Spielhonorar kriegst Du ja schon eine kleine Lind oder einen großen Klischnigg! —

Liebh. (lächelnd). Nun — bist Du mit dem Engagement zufrieden?

Hubert. Aber nur Beschäftigung — noch mehr Beschäftigung!

Liebh. Daran soll's nicht fehlen — ich arbeite eben an einem neuen Stücke!

Hubert. Was? Erst gestern die Komödie aufgeführt, und heute schon wieder eine neue? — Das heiß ich Productivität! — Und hab' ich wieder eine Roll' dabei? —

Liebh. Ja wohl, es fragt sich nur, ob Du eine sogenannte Anstandsrolle auch anständig durchführen kannst!

Hubert. Pomade! Ich spiel' jede Anstandsrolle ohne allen Anstand!

Liebh. Höre mich an! Unser beiderseitiges Interesse fordert gegenseitiges Vertrauen! — (Rückt näher zu ihm.) Ich brauche einen Onkel!

Hubert. Da muß halt deine Großmutter noch ein Kind kriegen — aber, wie ich g'hört habe, hast Du ja ohnehin einen — den Präsidenten!

Liebh. Eben den brauch' ich, der sollst Du sein!

Hubert. Was? Existirt also der Onkel Präsident Baron Liebhelm nicht?

Liebh. Der Präsident Baron Liebhelm existirt wirklich in der Residenz — es ist nur die kleine Fatalität dabei, daß er gar nicht die Ehre hat, mit mir verwandt zu sein! — Aber was schadet's? Ich benützte die zufällige Gleichheit unserer Namen, gab mich hier für seinen adoptirten Neffen und Erben aus, und lebte bisher comfortable, indem ich a Conto der Erbschaft Schulden machte, aber nun brauche ich einen mich liebenden, mich retten wollenden Onkel, der mich aus den Klauen eines Wucherers rettet, dem Bindermeister Klöpsl mein schriftliches Versprechen, seine Tochter zu heiraten, entlockt, und mir eine jährliche Rente von 5000 Frcs. sichert, um ein Mädchen mit einer halben Million zu heiraten, und diese Kleinigkeit ist deine Aufgabe.

Hubert. Ja, gesagt ist so was leicht, aber es ist mehr als eine Herkules-Arbeit.

Liebb. Pah, pah! Für ein Genie wie das deine eine pure Bagatelle! Eine Summe, um den Wucherer abzufertigen, geb' ich Dir!

Hubert (nach einigem Nachdenken plötzlich einen Gedanken erfassend). Ja — es gebt — ich hab's! — Du sollst staunen, wie überraschend ich die Sache zu Ende führe! — Aber wo soll diese Komödie aufgeführt werden? —

Liebb. Am besten, ich ersuche Frau von Abendstern, sie wird sich glücklich schätzen, meinen Oheim, auf einige Tage ihre schönsten Appartements einzuräumen.

Hubert (von diesen Gedanken noch lebhafter ergriffen). Ja — ja — bei Frau von Abendstern! — Das ist das Beste! — Es gebt famos! Ich fühle mich ordentlich begeistert von der Rolle. — Geh' nur voraus — richte Alles her, in einer halben Stund' bin ich bei Dir!

Liebb. (umarmt ihn). Hubert! Du bist eine Perle, ein Juwel der Freundschaft, ein Fels, auf den ich meinen Glückstempel baue. — Geht Alles nach Wunsch, so sollst Du erschrecken von der Größe meiner Dankbarkeit! Lebe wohl indessen — ich erwarte Dich bei mir! (Eilt ab.)

Achte Scene.

Hubert (allein).

Jetzt hab' ich, was ich brauche. — Ja, ich will Wegräumer werden. — Ich will nämlich den beiden Liebespaaren alle Hindernisse aus dem Wege schaffen, — ich fühle mich ordentlich angefeuert. — Ich brenne vor Begierde. Daß die Komödie in dem Hause der Frau von Abendstern gespielt werden soll, das gehört auf ein anderes Blatt, so wie überhaupt die meisten Handlungen und Ereignisse gewöhnlich im Buch des Lebens Bifolien bilden, sie nehmen immer zwei Blätter in Anspruch, auf dem Einen steht die Lichtseite und wenn man auf die etwaige Schattenseite hinweisen will, so wird man mit der ausweichenden Antwort abgefertigt: „Das gehört ganz auf ein anderes Blatt!"

Couplet.

Es war a schwere Zeit für das Land,
Man braucht noch Geld für allerhand;
Das soll'n geben, es ist g'wiß sehr g'scheidt,
Denn wer viel hat, kann leichter auch geb'n.
Der Regierung die reicheren Leut',
D'rum trifft es die Hausherr'n eb'n. —
Jetzt, daß so ein Hausherr, wenn er
Um hundert Gulden jährlich zahlt mehr,
Gleich hernimmt b'Parteien im Haus,
Mit der Steigerung keine läßt aus,
Und so für das, was von ihm gefordert wird,
Er sich doppelt dann regressirt,
Und so der Arme für ihn zu zahlen hat,
Jetzt das — das gehört auf ein anderes Blatt.

Das Mädchen ist gar so solid,
Man sieht's ohne Onkel fast nit.
Der Onkel ist ein braver Mann,
Was Alles der Onkel schafft an,
Der Onkel zahlt 'n Zins für's Quartier,
Und kauft b'schönsten Kleider auch ihr,
Er führt sie in's Theater, wann's will,
Nur hat er ein' einzige Grill' —
Wann's schaut nur auf ein' jungen Herrn,
Thut der Onkel springgiftig gleich werd'n,
Na ja — einem Onkel, dem gebt
Nichts über die Solidität: —
Jetzt, daß sie den Onkel vor ein' Jahr erst
g'funden hat,
Na, das gehört auf ein anderes Blatt.

'Ne wälsche Oper, o mein!
Wie mich b'wälsche Oper thut freu'n,
Die Sänger aus dem Lande des Lieb's
Dringen recht in die Tiefe des Gemüths,
D'rum sei mir gegrüßt, o Stagione,
Mit Basso, Tenore, Buffone!

Jetzt, daß ein Tenore assoluto
Schon fertig mit der Stimme ist tutto,
Und daß manche Säng'rin, die schon
Nicht g'fall'n hat in der'deutschen Saison,
In's Wälsche sich übersetzt,
Und schlecht, aber wälisch singt jetzt,
Und daß man doppelt für's G'stoppelte
    z'zahlen hat,
Jetzt das — das gehört auf ein
    anderes Blatt.

Für österreichische Kunst ein Verein
Ist nöthig, das steht Jeder ein,
Je mehr, als sich bilden, 's ist gewiß,
Desto besser für b'Künstler ist dieß.
Ob's Jahr einmal, ob permanent,
Hat Jeder sein Gutes am End' —
Daß aber die beiden Verein'
In Haar'n sich schon b'längste Zeit sein,
Daß einer Journale sich hält,
Die den Andern verreißen mit G'walt,
Und daß statt der Künstler dabei
Noch mehr g'winnt die Kunst-Taublerei —
Ob das Alles zur Förderung der Kunst
    gehört g'rad —
Jetzt das — das gehört auf ein
    anderes Blatt.

Bei die Madln in der Stadt find't man
    nur,
Toilettekünste statt der Natur;
Was nützt mich der rostige Teint
Auf zwei Bußerln thut b'Farb schon weg-
    geh'n!
Die Goldlocken wär'n auch nicht schlecht,
Doch weiß man nicht, feins falsch oder echt?
Da krazelt auf b'Alpen man 'nauf
Und sucht sich a Naturschäf'rin auf,
Man find't eine, 's G'sicht kugelrund
Und Alles so voll und so g'sund —
Doch, daß sie so patschet b'reinschaut,
Daß b'Händ hab'n a Rhinozeroshaut,
Und daß man den Kuhstallparfüm auf
    zwanzig Schritt hat:
Jetzt das — das gehört auf ein
    anderes Blatt!—
    (Geht ab.)

Verwandlung.

Reichmöblirter Salon im Hause der Frau von
Abendstern. Eine Mittel- und zwei Seiten-
Thüren.

Neunte Scene.

Herr von Bornheim. Frau von Abendstern. Ein Diener.

Bornh. (bereits im Reisecostüme tritt mit
Frau von Abendstern aus der Seitenthür recht.
Zu dem Diener, welcher einen Mantelsack tra-
gend, ihnen folgt). Nur Alles hinab in den
Wagen — der Kutscher soll sich bereit hal-
ten — ich komme sogleich auch hinab. —
(Der Diener ab.)

Fr. v. Abendst. Daß Sie uns eben jetzt
verlassen müssen!

Bornh. Mein Dienst buldet keine allzu
lange Entfernung, übrigens wissen Sie,
um was es sich handelt; läßt sich Liebhelm's
Onkel wirklich herbei, die Existenz seines
Neffen zu sichern, so ist dieser eine ganz an-
ständige Partie, und Sie können die Vorbereitungen zur Vermälung treffen, bei
welcher ich mich wieder einfinden will!

Zehnte Scene.

Vorige. Liebhelm.

Liebh. (tritt durch die Mitte ein).

Bornh. (ihn erblickend). Ah, guten Tag,
lieber Baron!

Liebh. (nachdem er sich vor Bornheim verneigt, zu Frau von Abendstern, indem er ihr
die Hand küßt) Gnädige Frau — ach! Warum darf ich noch nicht sagen: Meine ver-
ehrte Schwiegermama!

Bornh. Wird sich Alles machen! —

Fr. v. Abendst. Herr Baron, Sie wissen
ich lege Ihnen kein Hinderniß in den Weg,
die Zusage des Herrn von Bornheim haben
Sie, es handelt sich wohl nur darum, daß
meine Tochter sich fügt.

Bornh. Und das wird sie. (Zu Liebhelm.)
Sie ist bereits so weit, daß sie sich nur für
einen Tag Bedenkzeit ausbat.

Liebh. (erfreut). Wirklich? — Aber Herr von Bornhelm, Sie sind ja in Reisekleidern — Sie wollen fort? —

Bornh. Muß, lieber Baron! muß —

Liebh. (für sich). Um so besser! (Laut.) Ach, wie ich das bedaure —

Bornh. Also, liebe Freundin, auf baldiges Wiedersehen! (Zu Liebhelm.) Lieber Baron! Viel Glück zu Ihrer Werbung, melden Sie Ihrem Oheim, dem Herrn Präsidenten indeß meinen tiefsten Respect unbekannter Weise — Adieu! (Geht gegen die Mittelthür.)

Fr. v. Abendst. (will ihn begleiten).

Bornh. (sie abhaltend). Bitte — bitte sich nicht zu incommodiren. (Ab.)

Liebh. (hat ihn bis zur Thür begleitet und kommt nun zurück). Gnädige Frau! Ich danke Ihnen im Voraus im Namen meines Oheims, daß Sie mein Ansuchen, ihn in Ihrem Hause zu beherbergen, so gütig bewilligt haben!

Fr. v. Abendst. Ich fühle mich dadurch geehrt. Wir befinden uns eben in den Gemächern, welche ich für Se. Excellenz in Bereitschaft setzen ließ. Doch Sr. Excellenz werden, von der Reise erschöpft, einiger Erholung bedürfen, ich will mich deshalb entfernen. Wollen Sie mich gütigst in Kenntniß setzen, wenn ich die Ehre haben kann, Ihren Onkel in meinem Hause zu bewillkommen. (Verneigt sich und geht durch die Seitenthür ab.)

Liebh. (allein). Es geht vortrefflich! — Das Glück scheint mit mir im Bunde zu sein — der alte Güterdirector ist fort! Klöpfl wartet bereits im Gasthofe und mein Gläubiger im Kaffeehause nebenan — in einer Stunde muß Alles geschlichtet sein.

Elfte Scene.

Liebhelm. Diener, dann Hubert.

Einige Diener (reißen die Mittelthür weit auf, eilen herein und rufen): Se. Excellenz — der Herr Präsident!

Liebh. (sich erfreut stellend). Schon hier? — Wo — wo — wo? — (Will gegen die Mittelthür ihm entgegen.) Ha! mein verehrter Onkel!

Hubert. Ah, mon neveu! (Hält ihm die Hand zum Kusse hin.)

Liebh. (küßt ihm die Hand). Mein väterlicher Gönner! Wie finde ich Worte, Ihnen zu danken?

Hubert. Embrassez moi, mon fils. (Drückt ihn ceremoniell an seine Brust.)

Liebh. O mein theurer Onkel! Die Reise wird Sie ermüdet haben!

Hubert. Oui, oui — très fatiguant cette voyage! (Geht auf Liebhelms Arm gestützt, zu einem Fauteuil, in welches er sich niederläßt, und gibt den Dienern mit der Hand ein Zeichen sich zu entfernen.) Laissez moi seul!

Liebh. (zu den Dienern). Se. Excellenz wünschen allein zu sein!

Die Diener (verneigen sich und gehen ab).

Hubert (springt lustig vom Sitze auf, mit seiner gewöhnlichen Stimme). Na, was sagst a so? Wird's es thun?

Liebh. Eminent! Die Maske ist vortrefflich. — Soll ich Frau von Abendstein von deiner Ankunft avisiren?

Hubert. Das kannst thun, wenn ich mit den andern Audienzen fertig bin!

Liebh. Wie ist's mit der Rentenversicherung für mich?

Hubert. Die hab' ich schon bei mir.

Liebh. Um so besser — so ist Alles beruhigt. —

Ein Diener (ist durch die Mitte eingetreten). Herr Preßler —

Liebh. (leise zu Hubert). Das ist der Wucherer!

Hubert (zu dem Diener). Laßt ihn rein! (Diener ab.)

Liebh. Ich will ihm nicht begegnen — und entferne mich deshalb durch das Seitenzimmer. (Ab durch die Seitenthür links.)

Hubert (allein). Wenn ich Dich brauch, so werde ich läuten! Einem Wucherer die Hölle recht heiß machen, und ihn dann nach Vergnügen rupfen, dieses Seelen-Gaudium habe ich mir schon längst gewünscht. (Eilt sich in gebieterischer Haltung an den Tisch)

Zwölfte Scene.

Hubert. Preller.

Prell. (öffnet die Mittelthür nur zur Hälfte, erscheint kriecherisch gebückt unter derselben, verneigt sich mehrere Male sehr tief, ohne zu wagen einzutreten).

Hubert (sieht sich nach ihm um, und sagt durch eine Handbewegung, daß er vor ihn treten soll).

Preller (kommt schleichend und fast bis zum Boden gebückt herein, bleibt in einiger Entfernung vor Hubert stehen).

Hubert (tritt mit verschränkten Armen dicht an ihn, sieht ihm mit fürchterlichem Blick in's Auge, barsch). Sie sind Preller! — Habe gehört — ob habe sehr viel gehört von Euch! Was führt Sie zu mir?

Prell. Ew. Gnaden, Herr Excellenz haben doch einen Neffen, den Herrn Baron — er hat mich herbestellt, weil ich hab' ein kleines Wechselchen vom Herrn Baron, und er hat gesagt —

Hubert. Daß der gute Onkel wieder der Narr sein würde, für ihn zu zahlen? Nichts da! Es onkelt sich nichts mehr! Ich enterbe ihn!

Prell. (in Todesangst). Gnaden, Herr Excellenz — das werden Sie nicht thun. Wenn Sie nicht zahlen ihm zu lieb, haben Sie Erbarmen mit mir — ich bin ein armer Familienvater!

Hubert. So — und leiht Geld aus!

Prell. Mein bischen Erspartes, — hab' ich's doch geliehen dem Herrn Baron aus purer Barmherzigkeit.

Hubert. Hundertprocentige Barmherzigkeit! (In erkünstelter Wuth ab- und niedergehend.) Aber auch eure Stunde hat geschlagen! Diejenigen, die meinen Neffen so geschandbrackt — wollt ich sagen, gebrandschatzt haben, sollen nicht straflos durchkommen. — Criminal-Untersuchung —

Prell. (zusammenbrechend). Crimi — Criminal — Criminal — Ist mir doch ge-

fahren das Wort in alle Glieder, wie die schönste Gicht! — Gnaden Herr Excellenz!

Hubert (strenge mit der Hand gegen die Thür weisend). Hinaus!

Prell. Gnaden, Herr Excellenz! Was machen Sie für ein Geseres! Ich laß doch mit mir reden. Ich will nachlassen.

Hubert (für sich). Aha! beißt schon an! (Laut.) Nachlassen! Was heißt, nachlassen? Wie doch ist der Wechsel?

Prell. (für sich). Gott sei Dank, er läßt reden mit sich. — (Laut, indem er Papiere herauszieht.) Hab' Alles bei mir in schönster Ordnung — Wechsel à 3000 fl. — gerichtliche Zahlungs-Auflage um ein bischen Personalarrest. — Hab' noch müssen zahlen Advocaten und Stempel, aber daß Ew. Gnaden sehen, daß Sie's zu thun haben mit ein' honetten Mann, will ich nachlassen die Gerichtskosten!

Hubert. Sonst nichts? Und mir so einen Antel!? Hinaus!

Prell. Was, kommen Ew. Gnaden schon wieder in Gall? — Reden wir ruhig. —

Hubert. Ein Wort — aber dabei bleibt's! — Tausend Gulden will ich daran wenden!

Prell. Weh! Tausend Gulden! — Was mach' ich mit tausend Gulden?

Hubert (für sich). Warte! dem Anblick vom baaren Gelde können diese Thiere nicht widerstehen! (Zieht eine Brieftasche und daraus mehrere Banknoten hervor, und legt sie auf den Tisch.) Da tausend Gulden baar — oder das Criminal —

Prell. (für sich). Ich hab' dem Baron doch nicht einmal gegeben baare tausend Gulden — ich mach noch immer ein Geschäft —

Hubert (für sich). Er kriegt schon Zustände. (Laut.) Nun, was ist's?

Prell. Ew. Gnaden! Legen Sie noch daran fünfhundert —

Hubert. Hinaus!

Prell. A klanes Douceur!

Hubert. Hinaus! oder ich laß Euch hinausweisen. (Langt nach der Klingel.)

Prell. Laffen Sie doch ſtehen die Glock — was wollen Sie gleich Sturmläuten? — Ich bin ein guter Mann — und weil mich doch dauert der liebe Herr Baron — ſo — ſo — aber ein Fünfer legen Sie noch d'rauf —

Hubert (langt wieder nach der Glocke).

Prell. (erſchreckt). Gott! Was ſein Ew Gnaden bitzig! Nu — da — da — (Hält ihm die Schriften hin.)

Hubert (nimmt ſie raſch, für ſich). Ich hab's. — Das Erſte wäre erreicht — der Nemäiſche Löwe bezwungen! (Steckt die Schriften ein.)

Prell. (iſt auf das Geld losgeſtürzt und zählt mit zitternden Händen die Banknoten).

Hubert. Euer Geld habt Ihr — jetzt, fort! Ihr ekelt mich an — hinaus, Wucherſeele!

Prell. Ich gehe ſchon. — War mir ein beſonderes Vergnügen, gehabt zu haben die Ehre! (Verbeugt ſich.)

Hubert. Hinaus zur Thür, Vampyr!

Prell. (geht unter fortwährenden Complimenten bis zur Thür, kehrt an derſelben angelangt, wieder um, zu Hubert). Wenn Ew. Gnaden vielleicht einmal etwas brauchen können —

Hubert (ſtampft wüthend mit dem Fuße).

Prell. (raſch forteilend). Habe die Ehre! (Ab.)

Hubert. Das iſt auch Einer von denen, die, wenn man's bei der Thür hinausgeworfen hat, beim Fenſter wieder hereinkommen! Es wäre eine Aufgabe für die Pharmaceuten, ein perſiſches Pulver aufzufinden, was dieſe ekelhaften Inſecten vertreibet! »Pulver zur gänzlichen Vertilgung der Wucherer« — das müßte reißenden Abſatz finden!

Dreizehnte Scene.

Hubert, dann Diener, zuletzt Klöpfl.

Ein Diener (meldet). Bindermeiſter Klöpfl.

Hubert. Nur herein!

Diener (öffnet die Thür, durch welche Klöpfl eintritt, und geht dann durch dieſelbe ab).

Klöpfl (tritt ganz niedergeſchlagen ein, ſich verneigend) Servus, Herr von Präſident!

Hubert (lacht ihm entgegen, ſehr freundlich). Ah, Sie ſind alſo der Herr Klöpfl, von dem mir mein Neffe ſo viel Gutes geſchrieben, wegen dem ich eigens hergereiſt bin.

Klöpfl. Sie haben ein wahres Malheur. — Sie machen die weite Reiſe und kommen g'rad in dem Augenblick her, wo ich weg bin — ganz weg vor Vaterſchmerz. — Ein gewiſſer Hubert Lebermann — ein niederträchtiger Kerl — ein Grundlump —

Hubert (huſtet).

Klöpfl. Was iſt Ihnen denn?

Hubert. Nichts — nichts — mir iſt nur etwas in den falſchen Schlund gekommen.

Klöpfl (für ſich.) Merkwürdig — jetzt iſt der Präſident, und trägt ein falſchen Schlund!

Hubert. Wegen eurer Tochter dürft Ihr ruhig ſein. —

Klöpfl. Ich bin nicht eher ruhig, als bis ich ſie hab —

Hubert. Ich geb' Euch mein Wort, daß ſie heute noch bei der Feierlichkeit fungiren wird, dort ſollt Ihr ſie ſehen! Wenn nur mein Neffe nicht noch Sprünge macht.

Klöpfl. Nützt ihm nichts — ich hab's ſchwarz auf weiß, da — da hab' ich's. (Zieht die Schriften hervor.) Da iſt von Sprüngen gar keine Red'!

Hubert. Laßt mich doch einmal ſehen, wie Ihr das aufgeſetzt habt! (Nimmt ihm die Schrift aus der Hand und lieſt.) In der That, ein ganz rechtskräftiges Eheverſprechen!

Klöpfl. Ja, Ihr Neveu verſpricht eine recht kräftige Ehe!

Hubert. Nun hört! Ich will gleich auf dieſes Document auch meine ſchriftliche Zuſtimmung geben!

Klöpfl. Das iſt geſcheidt — da wird's noch kräftiger.

43

Hubert. Vergeßt aber nicht, daß diese Schrift dann für Euch sehr wichtig ist, — also habt nur recht wohl darauf Acht — es könnte leicht irgend ein Schlaukopf sie Euch aus den Händen locken. —

Klöpfl. Das soll nur Einer probieren!

Hubert. Vielleicht unter dem Vorwande, es zu lesen, und dann, so während des Gespräches, steckt er es ein. (Steckt die Schrift wirklich ein.)

Klöpfl. Da müßte ich doch ein wahres Rhinozeros sein, wenn ich das geschehen ließ!

Hubert. Zugleich will ich aber auch den Jahresgehalt bestimmen, den ich meinem Neffen auswerfen will!

Klöpfl. Nur viel — denn er hat künftig nicht nur eine Frau, sondern auch einen Schwiegervater zu versorgen, und man glaubt nicht, wie hoch so ein Schwiegervater kommt!

Hubert (geht zum Tische, und setzt sich an denselben, zu Klöpfl). Nehmt indessen Platz, lieber Meister!

Klöpfl. Wann's erlauben, bin ich so frei. (Setzt sich in einen Fauteuil auf der andern Seite, für sich.) Ein lieber Mann der Präsident!

Hubert (für sich, indem er die von Preller übernommenen Acten hervorzieht). Ich muß nur dem Wechsel das nöthige Indossat beisetzen! (Schreibt.) So! (Klingelt.)

Vierzehnte Scene.

Vorige. Liebhelm. Frau von Abendstern.

Hubert (sieht beim Eintritte der Frau von Abendstern rasch auf und steckt die Acten wieder ein).

Liebh. (Klöpfl erblickend). Wie, Klöpfl noch hier? Excellenz sind nicht allein. —

Fr. v. Abendst. Ich fürchte gestört zu haben?

Hubert (eine steife, ceremonielle Haltung beobachtend). Durchaus nicht, meine Gnädige! — Eine Laune des Zufalls macht mich gleich in der ersten Stunde meines Hierseins zum Eheprocurator in zwei Familien. —

Klöpfl. Die eine Familie bin ich. —

Hubert. So wie Sie wünscht auch Meister Klöpfl eine schriftliche Erklärung von meiner Seite so schnell als möglich, und ich halte auch schon die betreffenden Documente in Bereitschaft. (Zieht die von Klöpfl und Preller erhaltenen Documente aus der Tasche.)

Klöpfl (für sich). Jetzt werd' ich gleich sehen, was er mir ausgeworfen hat.

Liebh. (für sich). Teufel! Was hat er nur vor? (Laut.) Lieber Onkel! — das ist nicht so eilig —

Klöpfl. O ja — ich finde es sehr pressant. —

Hubert (zu Klöpfl). So nehmen Sie hier (indem er ihm die von Preller erhaltenen Acten gibt) und Sie, Gnädige! hier (indem er ihr das Eheversprechen gibt) diese Documente, — ich denke, Sie werden Beide mit diesen Erklärungen zufrieden sein!

Klöpfl. (liest die Schrift, traut seinen Augen nicht, wischt sich dieselben aus, liest nochmals ꝛc.).

Fr. v. Abendst. (öffnet das Document).

Liebh. (wirft einen Blick in dasselbe, aufschreiend). Himmel!

Fr. v. Abendst. Was ist das? — Herr von Liebhelm? Ein förmliches Eheversprechen an die Tochter des Meisters Klöpfl?

Klöpfl. Mortgall und Essig — ein Personalarrest auf den Baron Liebhelm?

Hubert (steht regungslos in der Mitte der Bühne, aus einer goldenen Tabatiere langsam eine Prise nehmend). Nun, ich glaube Ihnen Beiden genügende Erklärungen gegeben zu haben. —

Fr. v. Abendst. Baron, sprechen Sie —

Liebh. (welcher noch starr vor Schreck und Verwirrung dagestanden und mühsam nach Luft gerungen, endlich losbrechend und schreiend). Verrath! Betrug — Er ist der Betrüger.

Klöpfl. Was, der Präsident?

Fr. v. Abendst. Ihr Oheim?

Liebb. Nichts Präsident — nichts Oheim. — Echt — ich will ihn ent-larven! (Eilt zu Hubert und reißt ihm die Perrücke vom Kopfe.) Kennen Sie ihn denn nicht?

Fr. v. Abendst. }
Klöpfl.   } Was ist das?

Fr. v. Abendst (ihn erkennend). Hubert! (Sinkt in einen Fauteuil.)

Klöpfl. Was, der Lump?

Hubert. Ja — ein Lump ist auf jeden Fall hier — nach den gemachten Erfahrungen werden Sie aber leicht errathen, welcher von uns Beiden gerechtere Ansprüche auf diesen Titel hat!

Liebb. Elender Betrüger! Mißbraucher der Freundschaft! — Das sollst Du mir büßen! — Gott sei Dank — noch gilt hier im Städtchen mein Wort! — Ich eile fort auf's Rathhaus — ich hole die Wache — im Kerker sollst Du das Präsidentenspiel verlernen! (Ab.)

Hubert (ihm nachrufend). Ja, holen Sie nur die Wache, Pseudo-Baron! — Ich werde sie brauchen können!

Klöpfl. Ja, was fang denn ich mit meiner Tochter an?

Hubert (zu Klöpfl). Bleiben Sie hier, ich bin jetzt gerade im Kopfzurechtsetzen, da können Sie auch profitiren. (Tritt zu dem Fauteuil, in welchen Frau von Abendstern gesunken ist, und bleibt, sie ansehend, mit verschränkten Armen stehen.)

Fr. v. Abendst. (macht mit der Hand eine abwehrende Bewegung).

Hubert. Sie wehren mich ab — ich erscheine Ihnen wohl als ein Gespenst der Vergangenheit, wie sie in Ritterromanen vorkommen — dem Grab entstiegen — und mit blutendem Herzen! — Aber beruhigen Sie sich — ich will Sie nicht mahnen, Ihnen keine Vorwürfe machen — dazu sind wir Beide zu alt geworden. (Für sich.) Einen kleinen Hieb kann ich ihr nicht schenken.

Fr. v. Abendst. (sich erhebend) Was wollen Sie sonst noch hier?

Hubert. Ich trete als Advocat auf für einen unschuldig aus Ihrem Hause Hinausgeworfenen.

Fr. v. Abendst. Sie sprechen doch nicht von Herrn Lauber? Wollen Sie der Fürsprecher eines Menschen sein, der in solcher Jugend schon einem so ekelhaften Laster fröhnt, wie das des Trunkenboldes ist? — Aber freilich — Sie waren ja selbst sein Zechbruder.

Hubert. Nein, ich war der Zechmeister, denn ich habe ihm eine Grube gegraben. Weil mir ihn der saubere Baron Liebhelm in ein ganz anderes Licht gestellt hat, d'rum hab' ich ihn illuminiren wollen. Nur mit schlauen Kunstgriffen hab' ich ihn vermocht, starke Weine zu trinken, — sehen Sie, wäre er ein Trunkenbold, so hätt' ihm der Wein nichts gemacht.

Klöpfl. Gegen dieses Argument läßt sich nichts einwenden.

Hubert. Sie hören hier das Urtheil eines Sachverständigen.

Fr. v. Abendst. Ich begreife nicht, wie ich da zu Erörterungen komme mit einem Menschen —

Hubert. Der Ihr' ersten Liebesschwüre empfangen, der von Rechtswegen der Vater Ihrer Tochter sein sollte.

Fr. v. Abendst. Die Erinnerung an jene Tage könnte mich nur dann zu einem Entschluß bringen, wenn ich mich nicht jetzt meiner damaligen Gefühle schämen müßte.

Klöpfl. Ja, ich seh' auch nicht ein, warum wir uns in unsern Familien-Angelegenheiten von einem solchen Lumpen sollen d'reinreden lassen? — Kommen Sie, gnädige Frau, packen wir alle Zwei an, und werfen wir ihn hinaus.

Hubert. Halt! — Ihr Beide haltet den Wein für schlecht, weil der Most trüb und gährend war — aber wie, wenn es mir möglich wäre, Euch die Augen zu öffnen, wenn ich Euch zwingen könnte, mich zu achten?

Fünfzehnte Scene.

Vorige. Liebhelm, dann Rettenberg, einige Rathsherren, Diener.

Liebh. (eilt voraus herein). Ah, — hier ist er noch — ich bin dem Herrn Bürgermeister begegnet, habe ihm gesagt, daß dieser Vagabund hier im Hause wäre, und sogleich eilte er selbst mit einigen Herren vom Rathe hieher, um sich seiner zu bemächtigen! — Ha — ich höre sie bereits im Vorzimmer! — (Auf Hubert weisend.) Hier, meine Herren! Hier ist er!

Retteub. (ein sehr alter Mann, geht rasch auf Hubert zu, und sieht ihm in's Gesicht). Ja, ja, der ist's!

Liebh. Der Bösewicht, der Betrüger!

Fr. v. Abendst. Ist es wahr? Sagen Sie mir, Herr Bürgermeister, was hat er begangen?

Retteub. Er hat vor zwanzig Jahren alle Bewohner unserer Stadt betrogen.

Fr. v. Abendst. Wie wäre dies möglich?

Retteub. Denn alle Leute hier hielten ihn für einen Taugenichts, der es in seinem Leben zu nichts Rechtem bringen würde!

Hubert. Aber Sie, verehrter Herr Bürgermeister, hab' ich doch nicht täuschen können!

Retteub. Nein, ich erkannte in dem jungen Obenaus und Nirgendan ein tüchtiges Genie, das mit seinen mächtigen Flügeln überall anstoßen, dem die Welt zu klein werden muß. Ich verwies ihn aus unserer Stadt, gab ihm aber den Wegweiser mit. —

Hubert. Ja, — einen Brief an einem Meister nach Florenz und so viel Geld, als ich die ersten Jahre brauchte, um leben zu können. Ich habe ein neues Leben begonnen, ich habe gelernt, gearbeitet und — heute wird sich's ja entscheiden, ob die zwanzig Jahre, die ich entfernt von meiner Vaterstadt zubrachte, verlorene Jahre waren.

(Trompeten und Pauken von der Straße herauf, und gleich darauf ein ungeheurer Jubel, und Vivat-Geschrei des Volkes.)

Liebhelm.
Fr. v. Abendst. } Was ist das?

Retteub. (zu Frau von Abendstern). Belieben Sie nur auf den Balcon zu treten, er geht ja auf den Hauptplatz. —

Fr. v. Abendst. (eilt auf den Balcon, sieht hinaus und tritt erstaunt zurück). Ha! Eben wurde das Monument enthüllt — herrlich — prächtig!

Sechzehnte Scene.

Vorige. Saller, Reißer, Maubler, Lieschen, Anna, mehrere andere Bürger, ferner Conrad und Carl (drängen sich zur Thür herein).

Alle (durcheinander sprechend). Hier soll er sein, wo ist er der Künstler?

Retteub. (zu Lieschen, welche einen frischgrünen Lorbeerzweig in der Hand hält). Liebes Kind, kommen Sie her. — Unsere Mitbürger wollen den Künstler sehen, welcher sein erstes größeres Werk seiner Vaterstadt widmete — so schmücken Sie Den (auf Hubert weisend) mit dem wohlverdienten Kranze!

Liebh. Ha, verdammt! (Ab.)

Alle (voll Erstaunen). Was? der — der?

Klöpfl. Der? Kann denn ein Künstler auch ein Lump sein?

Fr. v. Abendst. Was höre ich — Sie — Sie?

Hubert. Nun, gnädige Frau! — Schämen Sie sich jetzt noch, mich einst geliebt zu haben? Und Sie (zu Klöpfl) was sagen Sie?

Klöpfl. Mir verschlägt es die Red'! — Er — der Künstler —

Hubert. Wenn Euch die steinerne Gruppe dort unten gefallen hat, so will ich Euch hier heroben noch ein paar lebende Gruppen aufstellen, wie sie kein Künstler so leicht zu Staube bringen könnte. — Conrad, Carl (nimmt Conrad und Carl an den Händen), Fräulein Anna! Jungfer Lieschen! umarmt Euch alle Viere! —

Conr. (eilt zu Lieschen).

Carl (zu Anna).

Hubert (zu Frau von Abendstern). Werden Sie etwas dagegen haben?

Fr. v. Abendst. (tritt zu Anna und Carl und breitet ihre Hände segnend über das Paar).

Hubert (zu Klöpst). Na — und Sie?

Klöpst. Der Baron ist psutsch, nun denn — ich will ganz zärtlicher Vater sein. (Segnet Conrad und Lieschen.)

Hubert. So, jetzt ist mein Werk vollbracht. Zwischen zwei Liebesgruppen inmitten (indem er mit Rettenberg in die Mitte tritt) eine Gruppe der Freundschaft und Dankbarkeit, eine Allegorie zu der Moral: „Aus liederlichen Leuten kann auch noch etwas werden, und d'rum ist kein Mensch als aufgegeben zu betrachten, so lange er sich nicht selbst aufgibt!

Alle. Vivat! Vivat!

Der Vorhang fällt.

Ende.

Von

Friedrich Kaiser

sind bei uns erschienen:

Männerschönheit. Original-Characterbild mit Gesang in 3 Acten. Mit Titelkupfer. 8. geh. 15 Sgr. oder 75 Nkr.

Schneider als Naturdichter, oder: Der Herr Vetter aus Steiermark. Posse mit Gesang in 2 Acten. Mit 1 Bild. 8. geh. 15 Sgr. oder 75 Nkr.

Eine Posse als Medicin. Originalposse mit Gesang in 3 Acten. Mit allegorischem Bilde. 8. geh. 15 Sgr. oder 75 Nkr.

Ein Fürst. Characterbild mit Gesang in 3 Acten. Mit 1 allegorischen Bilde. 8. geh. 15 Sgr. oder 75 Nkr.

Mönch und Soldat. Characterbild mit Gesang in 3 Acten. Mit 1 Titelbilde. 8. geh. 15 Sgr. oder 75 Nkr.

Schule der Armen, oder: Zwei Millionen. Original-Characterbild mit Gesang in 4 Acten. Mit 1 Titelbilde. 8. geh. 15 Sgr. oder 75 Nkr.

Der Rastelbinder, oder: 10,000 Gulden. Posse mit Gesang in 3 Acten. Mit 1 Titelbilde. 8. geh. 15 Sgr. oder 75 Nkr.

Junker und Knecht. Characterbild mit Gesang in 3 Acten. Mit 1 Titelbilde. 8. geh. 15 Sgr. oder 75 Nkr.

Ein Traum — kein Traum, oder: Der Schauspielerin letzte Rolle. Posse mit Gesang in 2 Acten. 8. geh. 15 Sgr. oder 75 Nkr.

Des Schauspielers letzte Rolle. Posse mit Gesang in 3 Acten. Mit 1 Titelbilde. 8. geh. 15 Sgr. oder 75 Nkr.

Dienstbotenwirthschaft, oder: Chatoulle und Uhr. Characterbild mit Gesang in 2 Acten. Mit 1 Titelbilde. 8. geh. 12 Sgr. oder 60 Nkr.

Doctor und Friseur, oder: die Sucht nach Abenteuern. Posse mit Gesang in 2 Acten. Zweite Auflage. 7½ Sgr. oder 35 Nkr.

Zum ersten Male im Theater. Posse in 1 Acte. 7½ Sgr. oder 35 Nkr.

Müller und Schiffmeister. Posse mit Gesang in 2 Acten. 10 Sgr. oder 50 Nkr.

Zwei Pistolen, oder: Erschossen oder lebendig. Posse mit Gesang in 2 Acten. 10 Sgr. oder 50 Nkr.

Ein neuer Monte-Christo. Original-Characterbild in 3 Acten. 12 Sgr. oder 60 Nkr.

Die Frau Wirthin. Characterbild mit Gesang in 3 Acten. 12 Sgr. oder 60 Nkr.

Etwas Kleines. Characterbild mit Gesang in 3 Acten. 12 Sgr. oder 60 Nkr.

Zwei Testamente. Characterbild mit Gesang in 3 Acten. 12 Sgr. oder 60 Nkr.

Unrecht Gut. Characterbild mit Gesang in 3 Acten und Vorspiele 12 Sgr. oder 60 Nkr.

Des Krämers Töchterlein. Original-Characterbild mit Gesang in 3 Acten. 12 Sgr. oder 60 Nkr.

Eine Feindin und ein Freund. Posse mit Gesang in 3 Acten. 12 Sgr. oder 60 Nkr.

Von Friedrich Kaiser erscheinen demnächst:

Verrechnet. — Ein Jagd-Abenteuer. — Palais und Irrenhaus.

In unſerem

Wiener Theater-Repertoir

erſcheinen demnächſt:

Domeſtikenſtreiche.

Poſſe mit Geſang in einem Acte

von

Anton Bittner.   7½ Sgr. oder 35 kr.

Verrechnet.

Character-Gemälde mit Geſang in drei Acten

von

Friedrich Kaiſer.   12 Sgr. oder 60 kr.

Mein Bär und meine Nichte.

Poſſe in zwei Acten.

Nach dem Franzöſiſchen

[von

Alexander Bergen.

Die Gezeichnete,

oder:

Ruſſe und Franzoſe.

Schauſpiel in drei Abtheilungen und vier Aufzügen

von

C. J. Folnes.   12 Sgr. oder 60 kr.

---

24. Lief. Das Häuschen in der Aue. Lustspiel in 1 Akt, nach dem Französischen, La maison de bois, von Caignéz, frei bearbeitet von Herzenstron. Zweite Auflage. 7½ Sgr. oder 35 Ntr.

25. — Die Nebenbuhler. Lustspiel in 5 Akten, nach Sheridan's "Rivals" aus dem Englischen übersetzt und zur Aufführung eingerichtet von F. C. Hanker. 10 Sgr. oder 50 Ntr.

26. — Onkel Tom. Amerikanisches Zeitgemälde mit Gesang und Tanz in drei Abtheilungen nebst einem Vorspiele, nach Stowe's Roman: "Onkel Tom's Hütte," von Th. v. Megerle. 10 Sgr. oder 50 Ntr.

27. — Ein alter Corporal. Charakter-Gemälde in 5 Akten, von Carl Juin u. P. J. Reinhard. Theilweise n. Dumanoir. 10 Sgr. od. 50 Ntr.

28. — Servus, Herr Stutzer! Posse in 1 Akt, von Carl Juin und Louis Flerz. Neue Auflage. 7½ Sgr. oder 35 Ntr.

29. — Die Ehre des Hauses. Drama in 5 Akten, von Carl Juin und P. J. Reinhard. Nach Léon Battu und Maurice Desoignes. 10 Sgr. oder 50 Ntr.

30. — Die Obsthändlerin des Königs. Drama in 3 Akten und einem Vorspiele, unter dem Titel: Der Wasserträger von Paris. Nach dem Franz. frei bearbeitet von Ther. v. Megerle. 8 Sgr. oder 40 Ntr.

31. — Gervinus, der Narr vom Untersberg. Posse mit Gesang in 3 Akten von A. Berla. 8 Sgr. oder 40 Ntr.

32. — Eulenspiegel, oder Schabernack über Schabernack. Posse mit Gesang in 4 Akten, von J. Nestroy. Zweite Auflage. 10 Sgr. oder 50 Ntr.

33. — Hempel, Krempel und Stempel. Posse in 1 Akt. Frei nach Morton's: "Grimshaw, Bagshaw and Bradshaw," v. K. Graefer. 7½ Sgr. oder 35 Ntr.

34. — Wahn und Wahnsinn. Schauspiel in 2 Akten, nach Melesville's: Elle est folle bearbeitet von Lembert. Zweite Auflage. 8 Sgr. oder 40 Ntr.

35. — Ein Florentiner-Strohhut, oder: Fatalitäten an dem Verlobungstage. Posse mit Gesang in 3 Akten, von Carl Juin und L. Flerz. 8 Sgr. oder 40 Ntr.

36. — Ein neuer Monte-Christo. Original-Charakterbild in 3 Akten von Friedr. Kaiser. 12 Sgr. oder 60 Ntr.

37. — Die schöne Fiakerin. Lokaler Schwank mit Gesang und Tanz in 3 Akten. Nach einer älteren Kringsteiner'schen Posse, frei bearbeitet von A. E. Naske. 8 Sgr. oder 40 Ntr.

38. — Eine reife Melone. Schwank in 1 Akt nach Boyle Bernard's Platonic attachements, v. K. Graeser. 7½ Sgr. oder 35 Ntr.

39. — Der Arzt wider Willen. Schwank in 2 Akten, frei nach Molière, von R. Graeser. 7½ Sgr. oder 35 Ntr.

40. Lief. Am Clavier. Lustspiel in 1 Akt von Th. Barrière und Jules Lorin. Nach dem Französischen frei bearbeitet von M. A. Grandjean. 7½ Sgr. oder 35 Ntr.

41. — All zu toll. Fastnachtsposse in 1 Akt, frei bearbeitet nach Selby's "My friend in the straps" von K. Graefer. 7½ Sgr. ob. 35 Ntr.

42. — Die Geldfrage. Lustspiel in 5 Aufzügen, von Alexander Dumas Sohn, deutsch von P. J. Reinhard. 12 Sgr. oder 60 Ntr.

43. — Diana de Lys. Schauspiel in 5 Aufzügen von Alexander Dumas Sohn, deutsch von P. J. Reinhard. 12 Sgr. oder 60 Ntr.

44. — Der natürliche Sohn. Schauspiel in 4 Aufzügen und einem Vorspiel in 1 Aufzuge, von Alexander Dumas Sohn, deutsch von P. J. Reinhard. 12 Sgr. oder 60 Ntr.

45. — Die Dame mit den Camelien. Schauspiel in 5 Aufzügen von Alexander Dumas Sohn, deutsch von P. J. Reinhard. 12 Sgr. oder 60 Ntr.

46. — Ein Hut. Lustspiel in 1 Akt. Frei nach Mad. Emile de Girardin, von M. A. Grandjean. 7½ Sgr. oder 35 Ntr.

47. — Das hohe C. Lustspiel in 1 Akt von M. A. Grandjean. 7½ Sgr. oder 35 Ntr.

48. — Das Concert. Lustspiel in 1 Akt. von P. M. Daghofer. 8 Sgr. oder 40 Ntr.

49. — Ein weiblicher Monte-Christo. Charakterbild aus dem Pariser Leben, in 4 Abtheilungen und 5 Akten mit Musik und Tanz von Th. Megerle. 12 Sgr. oder 60 Ntr.

50. — Ein Mann ohne Herz. Genrebild in 5 Akten von Al. Fr. Pann. 8 Sgr. oder 40 Ntr.

51. — Der Roman eines armen jungen Mannes. Schauspiel in 5 Aufzügen und 4 Tableaux von Octave Feuillet, bearbeitet für die deutsche Bühne von C. Juin und P. J. Reinhard. 12 Sgr. oder 60 Ntr.

52. — Im Dorf. Ländliches Charaktergemälde mit Gesang und Tanz in 3 Abtheilungen von Th. Megerle. 8 Sgr. oder 40 Ntr.

53. — Ueberall Diebe. Original-Schwank in 1 Akt von C. F. Stig. 7½ Sgr. oder 35 Ntr.

54. — Ein Rekrut von 1859. Volksstück mit Gesang in 3 Abtheilungen von D. F. Berg. 12 Sgr. oder 60 Ntr.

55. — Der böse Geist Lumpacivagabundus, oder: Das liederliche Kleeblatt. Zauberposse mit Gesang in 3 Aufzügen von Joh. Nestroy. Dritte Auflage. 12 Sgr. oder 60 Ntr.

56. — Frink und Compagnie. Charakterbild mit Gesang in 3 Akten von A. Barry. 12 Sgr. oder 60 Ntr.

57. — Der Wunderdoktor. Original-Lebensbild mit Gesang in 2 Akten von Karl Gründorf. 12 Sgr. oder 60 Ntr.

58. — Der Mord in der Kohlmessergasse. Posse in 1 Akt nach dem Französischen von A. Bergen. 7½ Sgr. oder 35 Ntr.

59. Lief. **Möbel-Fatalitäten.** Schwank in 1 Akt, von Anton Bittner. 6 Sgr. oder 30 Nkr.

60. — **Eine Vorlesung bei der Hausmeisterin.** Posse in 1 Akt von Alexander Bergen 6 Sgr. oder 30 Nkr

61. — **Eulenspiegel als Schnipfer.** Posse in 1 Akt von A. Bittner. 6 Sgr. oder 30 Nkr.

62 — **Kling! Kling!** Posse in 1 Akt von Morländer. 6 Sgr. oder 30 Nkr.

63. — **Ein weiblicher Diplomat.** oder: Was ein Mädchen aus Büchern lernt. Original-Lustspiel in 4 Akten von Charlotte Baronin v. Graven. 10 Sgr. oder 50 Nkr.

64. — **Nur solid!** oder: Carnevalsabenteuer im Schlossergassel. Faschingsposse mit Gesang und Tanz in 1 Akt von L. Gottleleben. 7½ Sgr. oder 35 Nkr.

65. — **Am Allerseelentag.** oder: Das Gebet auf dem Friedhofe. Original-Volks-Schauspiel in 4 Abtheilungen nebst einem Vorspiele: Ein gegebenes Wort, von Heinrich Hausmann. 12 Sgr. oder 60 Nkr.

66. — **Ein junger Gelehrter.** Lustspiel in 1 Akt Nach dem Englischen von Alexander Bergen 6 Sgr. oder 30 Nkr.

67. — **Die Frau Wirthin.** Charakterb. m.Gesang in 3 Akten v Friedr.Kaiser. 12Sgr. od. 60Nkr.

68. — **Die Milch der Eselin.** Posse mit Gesang in 1 Akt. Nach dem Französischen von Anton Bittner. 6 Sgr. oder 30 Nkr

69. — **Etwas Kleines.** Charakterbild mit Gesang in 3 Akten. von F. Kaiser. 12Sgr. oder 60Nkr.

70. — **Ein Guldenzettel.** Original-Schwank in 1 Akt v. Carl Gründorf. 7½ Sgr. o. 35Nkr.

71. — **Die Studenten von Rummelstadt** Genrebild mit Gesang und Tanz in 3 Akten von Carl Haffner. 12 Sgr. oder 60 Nkr.

72 — **Der neue Ton Quichotte.** Lustspiel in 1 Akt, nach dem Französischen von Alexander Bergen. 6 Sgr. oder 30 Nkr

73. — **Ein Fuchs.** Posse mit Gesang in 3 Aufzügen von Carl Juin. 12 Sgr. oder 60 Nkr.

74. — **Er compromittirt seine Frau.** Lustspiel in 1 Acte. Nach dem Französischen von Moreno. 7½ Sgr. oder 35 Nkr.

75. — **Therese Krones.** Genrebild mit Gesang und Tanz in drei Acten, von Carl Haffner. 12 Sgr. oder 60 Nkr.

76. Lief. **Eine Ausnahme von der Regel** Lustspiel in einem Aufzuge von Alois Berla. 6 Sgr. oder 30 Nkr.

77. — **Zwei Testamente.** Charakterbild mit Gesang in drei Aufzügen. von Friedrich Kaiser. 12 Sgr. oder 60 Nkr.

78. — **Drei Viertel auf Eilf.** Schwank in 1 Act von M. A. Grandjean. 6 Sgr. 30 Nkr.

79. — **Einen Jux will er sich machen** Posse mit Gesang in vier Aufzügen von Johann Nestroy. Zweite Auflage. 12 Sgr. oder 60 Nkr.

80. — **Nur nicht reden!** Dramatischer Scherz in einem Act. von C F. Stix. 6 Sgr. 30 Nkr.

81. — **Unrecht Gut!** Charakterbild mit Gesang in drei Acten und einem Vorspiele. von Friedrich Kaiser. 12 Sgr. 60 Nkr.

82. — **Mein Fräulein Bruder.** Lustspiel in einem Act von Alexander Bergen. 6 Sgr. oder 30 Nkr.

83. — **Des Krämers Töchterlein.** Original-Charakterbild in drei Acten von Friedrich Kaiser. 12 Sgr. oder 60 Nkr.

84. — **Nur keine Protection.** Posse mit Gesang in zwei Acten von Anton Bittner. 12 Sgr. oder 60 Nkr.

85. — **Die beiden Nachtwächter** oder: Ein Spuk in der Faschingsnacht. Posse mit Gesang und Tanz in drei Acten von Carl Haffner und J. Pfundheller. 12 Sgr. oder 60 Nkr.

86. — **Die Bürgermeisterwahl in Kräh-winkel.** Schwank mit Gesang in einem Acte von C. Juin (Gingno) und L. Flerr. 7½ Sgr. oder 35 Nkr.

87. — **Eine Freundin und ein Freund.** Posse mit Gesang in drei Acten von Friedrich Kaiser. 12 Sgr. oder 60 Nkr.

88. — **Er kann nicht lesen.** Posse in einem Acte von M. A. Grandjean. 7½ Sgr. oder 35 Nkr.

89. — **Ferdinand Raimund.** Künstler-Skizze mit Gesang in drei Acten von Carl Elmar. Zweite Auflage. 12 Sgr. oder 60 Nkr

90. — **Der Zigeuner.** Genrebild mit Gesang in einem Acte von Alois Berla. 7½ Sgr. oder 35 Nkr.

91 **Ein Lump.** Original-Posse mit Gesang in drei Acten von Friedrich Kaiser. 12 Sgr. oder 60 Nkr.